El pequeño libro
DE LA
HISTORIA DEL ARTE

Cristina Méndez

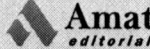
Amat *editorial*

Amat Editorial, sello editorial especializado en la publicación de temas que ayudan a que tu vida sea cada día mejor. Con más de 400 títulos en catálogo, ofrece respuestas y soluciones en las temáticas:

- Educación y familia.
- Alimentación y nutrición.
- Salud y bienestar.
- Desarrollo y superación personal.
- Amor y pareja.
- Deporte, fitness y tiempo libre.
- Mente, cuerpo y espíritu.

E-books:
Todos los títulos disponibles en formato digital están en todas las plataformas del mundo de distribución de e-books.

Manténgase informado:
Únase al grupo de personas interesadas en recibir, de forma totalmente gratuita, información periódica, newsletters de nuestras publicaciones y novedades a través del QR:

Dónde seguirnos:

 | @amateditorial

   | Amat Editorial

Nuestro servicio de atención al cliente:
Teléfono: **+34 934 109 793**

E-mail: **info@profiteditorial.com**

El pequeño libro

DE LA
HISTORIA DEL ARTE

Cristina Méndez

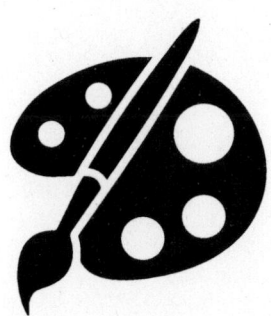

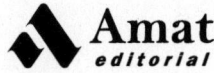
Amat
editorial

© Cristina Méndez Cuadrado, 2024
© Profit Editorial I., S.L., 2024
   Amat Editorial es un sello de Profit Editorial I., S.L.
   Travessera de Gràcia, 18-20, 6º 2ª; Barcelona-08021

Diseño de cubierta: XicArt
Maquetación: Marc Ancochea

Imágenes: p. 22: CC BY-SA 4.0; p. 45: CC BY-SA 4.0; p. 59: CC BY-SA 4.0;
p. 73: CC BY-SA 3.0; p. 81: CC BY-SA 3.0; p. 93: CC BY-SA 3.0; p. 109:
Dominio público; p. 115: CC BY-SA 3.0; p. 131: Dominio público; p. 137:
Dominio público; p. 146: CC BY-SA 3.0; p. 149: Dominio público.

ISBN: 978-84-19870-38-4
Depósito legal: B 2699-2024
Primera edición: Marzo de 2024

Impresión: Gráficas Rey
Impreso en España / *Printed in Spain*

ÍNDICE

LÍNEA DE TIEMPO
(fechas aproximadas)

ARTE PREHISTÓRICO

Primeras obras de arte
60 000 a. C. – 40 000 a. C.

Aparición de la escritura
3000 a. C.

ARTE ANTIGUO

Caída del Imperio Romano
500 d. C.

ARTE MEDIEVAL

Descubrimiento de América
1500 d. C.

ARTE MODERNO

Revolución francesa
1800 d. C.

Actualidad

ARTE CONTEMPORÁNEO

¿CÓMO ESTÁ ORGANIZADO ESTE LIBRO?

Tradicionalmente, las bellas artes se han clasificado en artes mayores (pintura, escultura, arquitectura, literatura, teatro y danza) y menores (arquitectura de interiores, joyería, cerámica, etc.). En esta obra abordaremos principalmente las artes mayores, es decir, los movimientos artísticos y las obras pictóricas, escultóricas y arquitectónicas más relevantes de la historia, que se presentarán organizados en capítulos según los periodos históricos.

Por lo tanto, cada capítulo se iniciará con una breve explicación del contexto histórico, para después pasar a las características de las artes mayores del capítulo.

En cambio, la aproximación a los diferentes movimientos artísticos de los siglos XIX y XX se hará de un modo diferente, ya que se produjeron muchos en periodos muy cortos de tiempo.

Como representar cada una de las obras artísticas que se citan en el libro extendería demasiado el contenido, hemos incorporado algunas de las imágenes más representativas de la historia del arte, a la vez que, en otras ocasiones, facilitamos la visualización de algunas otras obras a través de un QR.

RESPECTO A LOS QR

1. Cuando las obras referenciadas están situadas en un espacio exterior, los QR nos llevan a su situación en el Google Maps, un espacio que, a la vez que nos detalla su ubicación, nos facilita varias imágenes del sitio.

2. Cuando las obras que se referencian están expuestas en un museo, los QR vinculan siempre la obra con la página oficial de dicho museo. Sin embargo, como es posible que con los años los museos actualicen sus páginas web y, por tanto, los links dejen de ser útiles, hemos puesto un QR al final del libro que vincula con una página en la que se podrán ver todas las imágenes de estas obras.

INTRODUCCIÓN

¿QUÉ ES EL ARTE?

A lo largo de la historia, los mayores expertos del mundo no han sido capaces de llegar a un consenso para encontrar una definición de arte. No obstante, y teniendo en cuenta las diferentes aportaciones de los principales estudiosos, podemos concluir que el arte es una forma de expresión creativa que utiliza diferentes medios, como pintura, escultura, música, danza, literatura y más expresiones artísticas, para transmitir ideas, emociones o mensajes. Es decir, el arte es una creación que se lleva a cabo para expresar ideas y sentimientos y, como consecuencia, suele transmitirnos alguna sensación, ya sea positiva o negativa.

Por lo tanto, no debemos entender el arte como algo bello y agradable, porque a lo largo del tiempo no siempre ha sido este su principal objetivo.

¿PARA QUÉ SIRVE EL ARTE?

Como acabamos de decir, el arte es una manera de expresión, de comunicación, de transmisión de ideas que va ligado a diferentes objetivos. Según el momento histórico en que el ser humano se haya encontrado, el arte ha podido tener diferentes funciones que se pueden clasificar en multitud de grupos, como por ejemplo:

- **Expresión personal y creatividad.** A menudo, las obras de arte han sido medios de expresión personal para los artistas, que les han permitido explorar y comunicar sus emociones, pensamientos y visiones creativas. Un buen ejemplo son las *PINTURAS NEGRAS* de Goya, una serie de catorce obras murales en las que el pintor expresa su tristeza y depresión.

- **Religión y espiritualidad.** En muchas culturas, el arte ha servido como una forma de expresar ideas religiosas y espirituales. Ha sido utilizado en la creación de imágenes religiosas, esculturas sagradas y arquitectura de templos, como por ejemplo el arte que encontramos a lo largo de toda la Edad Media, muy centrado en la religión.

- **Documentación histórica.** El arte ha sido una herramienta para preservar y recordar eventos históricos, batallas y momentos significativos en la historia de una sociedad, como es el caso de los arcos de triunfo que construían los romanos tras ganar guerras importantes.

- **Política y social:** Hay obras que se han erigido en emblemas o símbolos de naciones, grupos políticos o movimientos sociales. Claro ejemplo de ello es *LA LIBERTAD GUIANDO AL PUEBLO* de Delacroix, donde el autor expresa el contexto de las revoluciones liberales de 1830.

- **Estética.** El arte ha contribuido al embellecimiento de espacios y entornos, y a mejorar la estética de edificios, de interiores y de paisajes urbanos, como podemos observar, por ejemplo, en los JARDINES DEL PALACIO DE VERSALLES, que se convirtieron en un modelo a seguir desde el punto de vista arquitectónico y urbanístico.

- **Entretenimiento.** Muchas obras de arte han servido para proporcionar entretenimiento y placer estético a lo largo de la historia. Por ejemplo, los anfiteatros romanos albergaban las luchas de gladiadores, que entretenían a la población.

- **Crítica social.** El arte también ha sido una herramienta de protesta y crítica social, que ha desafiado las injusticias, la opresión y los problemas sociales, como hizo Picasso al pintar el GERNIKA, en el que denuncia la barbarie de las guerras en general, y la de la Guerra Civil Española en particular.

- **Innovación y experimentación.** Los artistas han utilizado el arte como un medio para innovar y experimentar, explorando nuevas técnicas y enfoques creativos. Por ejemplo, Jackson Pollock creó el *dripping*, una nueva técnica para llevar a cabo sus grandes lienzos.

- **Inspiración y reflexión.** A menudo, las obras de arte inspiran a otros artistas y al público en general. También invitan a la contemplación y a la reflexión sobre temas diversos.

Arte prehistórico

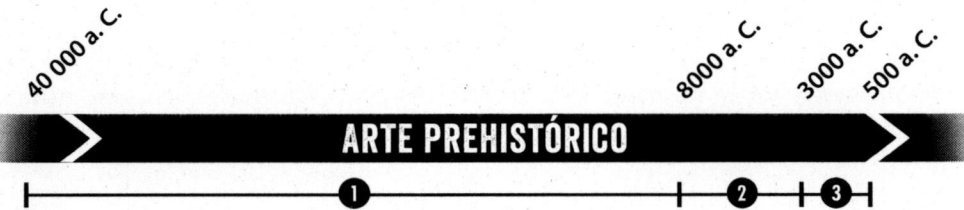

ARTE PREHISTÓRICO

40 000 a. C.

8000 a. C.

3000 a. C.

500 a. C.

❶ **Paleolítico**
40 000-8000 a. C.

- Arte rupestre
- Arte mueble

❷ **Neolítico**
8000-3000 a. C.

- Arte rupestre
- Arte mueble
- Escritura (3300 a. C.)

❸ **Edad de los Metales**
3000-500 a. C.

Edad del Bronce

Edad del Cobre

Edad del Hierro

- Arte megalítico
  (3300-500 a. C.)
- Hallstat (1200-475 a. C.)
- La Tène (475-100 d. C.)

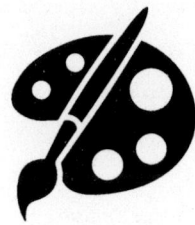

La Prehistoria es la etapa que se inicia con la aparición del ser humano o los primeros homínidos (40 000 a. C.) hasta la invención de la escritura (3300 a. C.), y se divide en Paleolítico, Neolítico y Edad de los Metales.

La clasificación en diferentes periodos responde a la evolución del ser humano según la tecnología que utilizaba en cada momento.

No obstante, debemos tener en cuenta que esta evolución no se produce al mismo tiempo en toda la geografía mundial y que responde a una visión de la sociedad occidental en la que vivimos actualmente.

Así pues, podemos observar que el **Paleolítico** (40 000-8000 a. C.) es el periodo en el que el hombre es cazador y recolector, vive en cuevas o abrigos dependiendo de la climatología y dispone de tecnología fabricada a partir de diferentes tipos de piedras.

La falta de recursos provoca la transición al **Neolítico** (8000-3000 a. C.). En esta época, el ser humano es capaz de producir sus propios recursos recurriendo a la domesticación de las plantas primero y de los animales después, lo que propició la invención de la agricultura y la ganadería. Este gran cambio, denominado *Revolución Neolítica*, provocó nuevas condiciones de vida y también diferentes expresiones artísticas, como la aparición de la cestería o la alfarería.

Finalmente, el descubrimiento y el trabajo de los metales dará lugar a un nuevo periodo prehistórico denominado la **Edad de los Metales** (3.000-500 a. C.) que se divide en tres etapas: Edad del Bronce, Edad del Cobre y Edad del Hierro. Es durante este periodo cuando el descubrimiento de técnicas de fundición y los progresos de la metalurgia permiten modelar estos metales, por lo que su uso predomina sobre otros materiales.

ARTE RUPESTRE

Cuando hablamos de arte prehistórico, es posible que lo primero que nos venga a la mente sea el arte rupestre. Se trata de representaciones realizadas en las paredes de las cuevas o de abrigos rocosos habitadas por las personas de la Prehistoria (tanto en el Paleolítico como en el Neolítico).

La ubicación de las pinturas rupestres siempre se suele dar en lugares escondidos de las cuevas o abrigos rocosos, hecho que ha contribuido a su conservación a lo largo de la historia. Esta realidad ha llevado a los prehistoriadores a deducir una atribución más trascendental que meramente decorativa. Son muchos los arqueólogos, prehistoriadores e investigadores los que han estudiado la función del arte en la Prehistoria (es decir, por qué y para qué se realizaban estas pinturas en las paredes). La realidad es que no existe una respuesta unitaria, es decir, no existe una única función. La interpretación del significado del arte prehistórico ha pasado por diferentes estadios según las corrientes de pensamientos de cada época. Las principales teorías sobre sus significados y funciones son:

- **El arte por el arte.** Durante el siglo xix se creyó que los autores prehistóricos no tenían capacidad intelectual suficiente para expresar una obra artística a partir de una reflexión razonada.

- **La función mágica.** Según el prehistoriador Henri Breuil, los grupos que habitaron durante la Prehistoria realizaron representaciones de sus animales predilectos antes de las partidas de caza para facilitar su captura

posterior. Sin embargo, esta teoría no daba explicación a la representación de símbolos abstractos.

- **La función narrativa.** Defendida por el prehistoriador Leroi-Gourhan, su teoría se basaba en la idea de que las pinturas en las cuevas podrían haber sido utilizadas para registrar eventos importantes o para enseñar a las generaciones futuras temas relacionados con la caza, la naturaleza y la vida cotidiana.

- **La función chamánica.** Thomas Dowson o Jean Clottes argumentaron que muchas de las imágenes y patrones en el arte prehistórico pueden ser interpretados como reflejo de experiencias visuales y cognitivas relacionadas con los estados alterados de conciencia de los chamanes de cada clan.

Sea cual sea el objetivo con el que se realizaron estas pinturas, cabe destacar la presencia mayoritaria de figuras animales, principalmente caballos y bisontes, aunque también se representan otro tipo de animales como ciervos, toros, cabras, carneros, mamuts y algún pájaro y pez. Las figuras humanas también aparecen pintadas en estas paredes prehistóricas, tanto figuras completas como partes del cuerpo (como la representación de manos, con incluso algún dedo mutilado). Algunos estudios indican que podrían responder a algún tipo de código lingüístico que no se ha podido descifrar hasta el momento. Finalmente, otro tipo de representación que podemos encontrar en las pinturas rupestres son las figuras geométricas y abstractas.

En cuanto a los colores, se trata de pinturas monocromas y polícromas dependiendo de la época y de la ubicación. Cuando hablamos de policromía, la variedad solo oscila entre los tonos rojos, negros y ocres, que se extraían de sustancias orgánicas y minerales: los rojos y amarillos procedían del óxido de hierro, y los negros del carbón vegetal o animal y del manganeso (aunque se ha encontrado algún caso único de creación del color negro a partir de carbón mineral y grafito).

Estos colores se aplicaban en seco o disueltos en agua o aglutinantes (como grasas o resinas) con la yema de los dedos o con instrumentos como pinceles, muñequillas de piel, espátulas o tubos aerográficos.

En cuanto a la técnica, se utiliza tanto la pintura como el grabado, y en algunos casos se aprovechan las formas de las rocas que conforman las paredes para dar sentido a lo que se quiere representar. Un claro ejemplo son las pinturas encontradas en las CUEVAS DE LASCAUX, en Francia, o en las CUEVAS DE ALTAMIRA, en España.

CUEVAS
DE LASCAUX

ROCA DELS
MOROS, en
las cuevas
de El Cogul

Posteriormente, ya en el Neolítico y durante la Edad de los Metales, tuvo lugar el denominado *arte naturalista*, que se caracteriza por la representación de figuras humanas y de animales de pequeño tamaño. La novedad es que estas figuras componen escenas de caza, luchas entre grupos, recolección, etc., y, a diferencia de las pinturas del Paleolítico, estas aportan sensación de movimiento. Se caracterizan también por su monocromía y por un número importante de motivos abstractos. Una de las pinturas más representativas de esta época son las pinturas de la ROCA DELS MOROS, en las cuevas de El Cogul, en Lleida (España), que presentan figuras humanas y animales esquemáticos. Se cree que estas imágenes podrían tener un significado ritual o religioso, ya que algunas de las figuras parecen estar relacionadas con danzas o ceremonias.

EL ARTE MUEBLE

Además de las pinturas en las cuevas o abrigos rocosos, durante la Prehistoria tuvo lugar el arte mobiliar o arte mueble, que consiste en la producción de relieves o esculturas de pequeño formato (es decir, que se podían trasladar de un sitio a otro). Consisten en pequeñas piezas artísticas elaboradas

Venus de Willendorf (en 3D)

en materiales como sílex, hueso, marfil, asta o piedra, y que conformaban elementos habituales en la Prehistoria como pueden ser armas como azagayas, arpones o propulsores; objetos de adorno como brazaletes o abalorios; u otros enseres como bastones de mando, agujas, flautas y tubos, espátulas y objetos de uso cotidiano.

Desde el punto de vista técnico, por lo general eran piezas grabadas, aunque se ha podido documentar alguna decoración pictórica en soporte pétreo.

Al igual que en el arte rupestre, los temas del arte mueble oscilan entre figuras de animales como caballos, bisontes, ciervos, cabras, mamuts, etc. Aunque también se representan motivos lineales y geométricos.

Cabe destacar la creación de estatuillas que representaban figuras femeninas (masculinas también se han encontrado, pero en menor medida), como es el caso de la **Venus de Willendorf**.

En estos casos, son particularmente llamativos la representación de determinados rasgos físicos exagerados, como pueden ser el pecho o las caderas. Existen diferentes teorías para explicarlo:

- **Fertilidad y maternidad**. Los pechos y las caderas prominentes podrían haber sido símbolos de la capacidad de una mujer para dar a luz y alimentar a los hijos, lo que sería especialmente importante en sociedades prehistóricas que dependían de la reproducción y la supervivencia de la descendencia.

- **Énfasis en la figura femenina**. Podrían haber sido una forma de celebrar y honrar la figura femenina en sí misma. La exageración de los rasgos femeninos podría haber tenido un propósito estético o simbólico para destacar la feminidad.

- **Rituales y creencias religiosas**. Podrían haber estado relacionadas con rituales religiosos o espirituales que involucraban la veneración de la diosa madre o la fertilidad. Se cree que estos objetos eran utilizados en ceremonias o rituales asociados con la reproducción y la supervivencia.

- **Marcadores sociales o de estatus.** Podrían haber sido símbolos de estatus o poder, ya que este tipo de mujeres quizá se consideraban especialmente valiosas o respetadas.

- **Arte erótico o sexual**. Los rasgos exagerados podrían haber representado la atracción sexual o la sexualidad en la Prehistoria.

ARTE MEGALÍTICO

Otra de las representaciones artísticas de la Prehistoria que más llama la atención es el megalitismo. Se trata de grandes construcciones de piedra construidas entre el Neolítico y la Edad de los Metales que delimitan un espacio con diferentes funciones, como pueden ser la acotación del territorio o prácticas rituales o funerarias.

Según la cantidad de bloques de piedra y la posición espacial que ocupan se pueden clasificar en:

- **Menhir:** Piedra de grandes dimensiones dispuesta verticalmente y clavada en el suelo. Pueden aparecer de manera individual o agrupados formando alineaciones o bien círculos, llamados *cromlech*, como es el caso de STONEHENGE, en Inglaterra. Su función exacta es un misterio, pero se cree que pudo haber sido un templo, un observatorio o un lugar de rituales religiosos y ceremoniales. Por lo tanto, la funcionalidad del menhir no es necesariamente funeraria. Incluso algunos pueden estar trabajados escultóricamente.

- **Dolmen** (o sepulcro megalítico): Es una composición de grandes piedras verticales cubiertas por otras de manera horizontal envueltas por un túmulo de tierra. Su función es la de enterramiento colectivo. La composición puede variar entre la cista megalítica, el sepulcro de corredor o la galería cubierta.

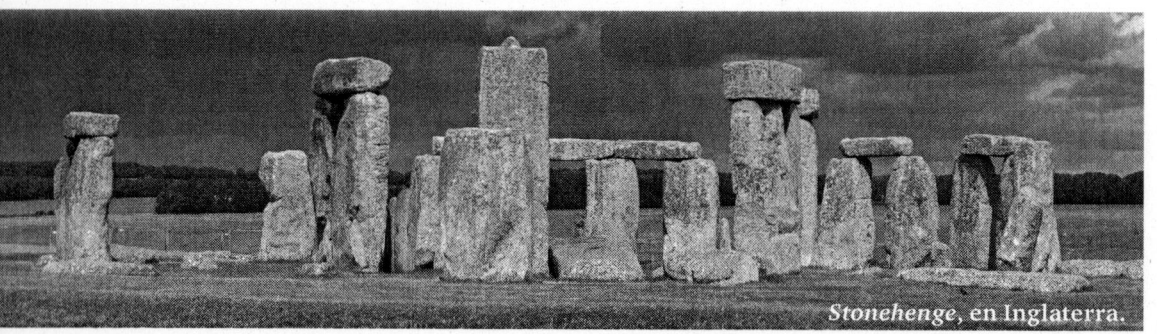

Stonehenge, en Inglaterra.

ARTE EN LA EDAD DE LOS METALES

Durante la Edad del Bronce destacan los avances técnicos en el trabajo del metal.

En la Edad del Hierro destacan dos grandes culturas. Por un lado, la *cultura de Hallstat* (1200-475 a. C.) floreció en la región actual de Austria. Una de las características más distintivas de esta cultura fue su avanzada metalurgia, particularmente en la producción de hierro. Así pues, fabricaban armas, herramientas y objetos ornamentales de alta calidad. Esta habilidad en la metalurgia contribuyó significativamente a su prosperidad económica.

Además, también elaboraron una variedad importante de objetos artísticos, como joyería, cerámica y textiles decorativos. Sus diseños eran a menudo geométricos y estilizados, lo que reflejaba una estética propia.

La *cultura de la Tène* (475-100 d. C.) también tuvo una gran relevancia en la región de las actuales Europa Central, Occidental y del Norte. En cuanto al arte, uno de los aspectos más distintivos fue que era un arte altamente estilizado y abstracto. Los objetos artísticos incluían joyería elaborada, objetos de bronce y cerámica decorativa. Los diseños eran a menudo geométricos, con espirales y motivos zoomorfos. Iconografías celtas como el trisquel y el nudo celta se originaron en esta cultura y se convirtieron en elementos icónicos de su arte.

*Entiendo que
un artista es alguien
que, entre el silencio de los
demás, utiliza su voz para
decir algo, y que tiene
la obligación que esto
no sea algo inútil
sino algo que dé
un servicio a
los hombres.*

JOAN MIRÓ

Arte antiguo

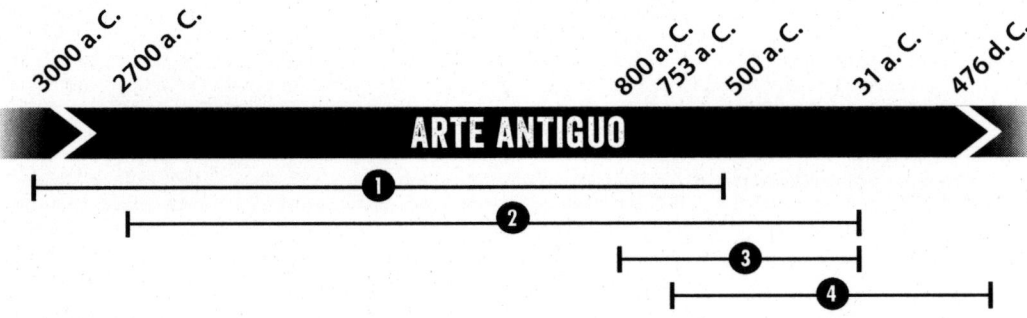

ARTE ANTIGUO

3000 a. C. 2700 a. C. 800 a. C. 753 a. C. 500 a. C. 31 a. C. 476 d. C.

❶ Arte Próximo Oriente
3000-500 a. C.

Sumeria
3000-2450 a. C.

Acadia
2350-2100 a. C.

Babilonia
1840-1550 a. C.

Asiria
1840-612 a. C.

Neobabilonia
625-539 a. C.

❷ Arte egipcio
2700-31 a. C.

Imperio Antiguo
2780-2200 a. C.

Imperio Medio
2000-1800 a. C.

Imperio Nuevo
1600-1100 a. C.

❸ Arte griego
800-31 a. C.

Arcaico
s. VIII-VI a. C.

Clásico
s. V-323 a. C.

Helenístico
323-31 a. C.

❹ Arte romano
753 a. C.-476 d. C.

Monarquía
753-509 a. C.

República
509-27 a. C.

Imperio
27 a. C.-476 d. C.

PRÓXIMO ORIENTE

Mesopotamia se considera una de las primeras civilizaciones de la historia, junto con otras como la egipcia, la del valle del Indo y la china.

El término «Mesopotamia» significa 'tierra entre dos ríos' (en referencia al Tigris y al Éufrates) y se hallaba en lo que hoy se conoce como Próximo Oriente (actualmente comprende países como Jordania, Israel, Líbano, Siria, Turquía, Irak e Irán).

El territorio de fácil acceso y las rivalidades locales dieron todas las facilidades para recibir un sinfín de invasiones. Como consecuencia, en el mismo territorio se asentaron diferentes pueblos como los sumerios (3000-2450 a. C.), los acadios (2350-2100 a. C.), los babilónicos (1840-1550 a. C.), los asirios (1840-612 a. C.) y los neobabilonios (625-539 a. C.). Es por ello que se ha establecido la cronología de la historia de Mesopotamia según los pueblos que ocuparon este espacio.

Desde el punto de vista político, el territorio se organizó en ciudades-estado independientes, cada una con su propio sistema de gobierno, que podía variar desde la monarquía (que era el predominante) a la organización en asambleas. Algunas de las ciudades-estado más conocidas fueron Ur, Uruk, Babilonia, Nínive y Lagash. Estas ciudades a menudo competían por el control de la región y sus recursos.

Su economía estaba basada principalmente en la agricultura. Los habitantes de la región desarrollaron sistemas de irrigación para aprovechar al máximo la tierra fértil proporcionada por los ríos Éufrates y Tigris.

En cuanto a las creencias religiosas, era una civilización politeísta, tenían diferentes dioses dedicados a diversos aspectos de la vida y la naturaleza. Algunos dioses importantes incluyen a Anu (dios del cielo), Enlil (dios del viento) y Marduk (patrón de Babilonia). Cada ciudad a menudo tenía su propio dios al que veneraban.

Una de las características más importantes es la invención de la escritura cuneiforme, una de las primeras escrituras conocidas. Consistía en marcar tablillas de arcilla con caracteres en forma de cuña y se utilizaba para llevar registros comerciales y religiosos, leyes y literatura.

ARQUITECTURA

Una de las construcciones más importantes en el Próximo Oriente Antiguo era el templo, denominado *zigurat*. Se trataba de construcciones compuestas de una torre escalonada de varios pisos con un altar en el nivel más alto dedicado a una o varias deidades. El acceso desde fuera se hacía mediante rampas. Disponían, además, de muros muy gruesos que, reforzados con contrafuertes, protegían el conjunto. Mayoritariamente estaban construidos con ladrillo, dada la dificultad de encontrar piedra.

El acceso al templo estaba reservado para los sacerdotes y el rey (no estaba abierto al público en general). Estos edificios tenían un profundo significado

 ZIGURAT DE UR

religioso y eran considerados como el lugar de conexión entre la tierra y el cielo, donde los dioses descendían para interactuar con los humanos y en los que se realizaban ofrendas y rituales religiosos. Pero no menos importante era su función político-administrativa, ya que simbolizaban el dominio de la autoridad gobernante.

Uno de los más importantes es el **ZIGURAT DE UR**, que data de alrededor del tercer milenio a. C., durante el período sumerio. Es una de las estructuras más antiguas de su tipo y ha sido objeto de estudios arqueológicos y restauraciones modernas.

Su estructura original constaba de tres niveles escalonados con una altura de aproximadamente 21 metros. En la cima del zigurat de Ur se encontraba un templo dedicado a Nanna, el dios de la Luna (por ello el templo se consideró un lugar sagrado de adoración lunar). Además de su función religiosa, albergaba oficinas administrativas y se utilizaba para almacenar bienes y recursos relacionados con los templos y la ciudad. Fue declarado Patrimonio Mundial de la UNESCO en 2003 debido a su importancia histórica y arqueológica.

Otra de las construcciones importantes es el *palacio*, que destacó a partir de la época asiria. El material utilizado para su construcción era adobe, reforzado con losas de piedra (ortostatos) colocadas verticalmente en la base de los muros para reforzarlos, pudiendo a veces ser decorados con relieves.

De la misma manera que los zigurats, el palacio se sitúa sobre terrazas con

PALACIO DE SARGÓN II
DE KHORSABAB

rampas de acceso y se articulan alrededor de patios que funcionaban como elementos de distribución. Cabe destacar la distinción entre el área pública y privada que siempre estaban bien definidas.

Llaman la atención los toros alados situados en las puertas de las murallas, cuyo objetivo era proteger el recinto, como se puede observar en los relieves del **PALACIO DE SARGÓN II DE KHORSABAB** ubicados actualmente en el Museo del Louvre.

ESCULTURA

La escultura sumeria ejerció una gran influencia sobre la acadia y la babilónica. Su característica principal es que suelen ser figuras exentas (es decir, talladas por todos sus lados) en posición orante o hierática, y que obedecen a la ley de la frontalidad, como es el caso de la ESTATUA DE GUDEA, de Lagash (2120 a. C.), actualmente conservada en el Museo del Louvre. Estaban esculpidas en materiales como la piedra (diorita o alabastro), la terracota, el metal y el marfil. La función de estas esculturas era principalmente religiosa o política, puesto que se usaban en templos y palacios como objetos de culto o símbolos de poder.

Además de la escultura exenta también podemos encontrar relieves que decoraban las paredes de templos y palacios, y que narraban escenas mitológicas, victorias militares y eventos históricos, sin lugar a dudas con una clara función propagandística. Las imágenes poseen mucho detallismo y expresividad.

EGIPTO

La trascendencia del faraón en el Antiguo Egipto era tan importante que sus tres períodos históricos se estructuran a partir de las treinta dinastías que gobernaron el país: el Imperio Antiguo (2780-2200 a. C.), el Imperio Medio (2000-1800 a. C.) y el Imperio Nuevo (1600-1100 a. C.). Durante el Imperio Antiguo, se consolida la unidad territorial bajo el poder real y se establece la capital en Menfis. El Imperio Medio consigue enorme fuerza política y mucha prosperidad. Tras el Imperio Medio, con capital en Tebas y con la pérdida del poder real, el Imperio Nuevo supone una buena época que permite la expansión de sus dominiios hacia el este y se revitaliza el concepto divino del faraón, ahora vinculado con el dios Amón, que deriva de Ra.

Hacia el año 525 a. C., Egipto es conquistado por los persas y en el año 332 a. C. pasa a manos de Alejandro Magno, con lo que se inició la última dinastía, la ptolomeica. Será en el año 31 a. C., con la muerte de Cleopatra (la última faraona), cuando Egipto se convierte en una provincia romana.

La sociedad egipcia estaba altamente jerarquizada. Se componía del faraón, que se consideraba como un gobernante divino, seguido por la nobleza, los sacerdotes, los escribas, los comerciantes y agricultores y, finalmente, los trabajadores y esclavos.

Al igual que los mesopotámicos, su religión era politeísta. Entre los dioses más importantes se encontraban Ra (el dios del Sol), Osiris (el dios de la Muerte y la Resurrección), Isis (la diosa de la Maternidad y la Magia) y Horus (el dios del Cielo).

Uno de los grandes logros de su cultura fue la escritura jeroglífica, que combinaba imágenes y símbolos para representar palabras y conceptos.

Un aspecto ampliamente conocido de la civilización egipcia era el sistema de momificación. Realizaban esta práctica de conservación de los cuerpos porque creían en la vida después de la muerte y, por tanto, en que la conservación del cuerpo los ayudaría a llegar al más allá con éxito.

ARQUITECTURA

A diferencia de Mesopotamia, el material utilizado de manera generalizada en el Antiguo Egipto es la piedra, que se extraía de los acantilados del Nilo.

La arquitectura, mayoritariamente, era arquitrabada o con cubiertas planas que se sustentaban en diferentes tipos de columnas inspiradas en las plantas del loto (lotiforme), del papiro (papiriforme) o de la palmera (palmiforme).

Como ya hemos visto, la muerte y la religión tenían un papel fundamental en la vida cotidiana egipcia. Es por ello que las tumbas son unas de las construcciones más importantes. La tumba más antigua es la *mastaba*, que consta de una estructura baja de ladrillo, de base rectangular y techo plano. En su interior se disponía una capilla para ofrendas y un pozo que llevaba a una serie de cámaras subterráneas, como la del sarcófago

**PIRÁMIDE
ESCALONADA
DE ZOSER**

**PIRÁMIDES
DE GIZA**

(con el cadáver en su interior) y el *serdab* (donde se pintan o esculpen imágenes del difunto).

A partir de las mastabas nacieron otro tipo de estructuras, las *pirámides escalonadas*, que se componían de una superposición de mastabas, una encima de otra, cada vez más pequeñas, hasta conformar una estructura piramidal con bloques de piedra rectangulares. Un buen ejemplo de ellas es la **PIRÁMIDE ESCALONADA DE ZOSER**, en Saqqara (2650 a. C.). En su interior solía haber corredores estrechos que conducían a la cámara subterránea del fallecido, que se cerraba tras el entierro.

Con el tiempo, este tipo de pirámides fue evolucionando hasta convertirse en una construcción de base cuadrada y con cuatro caras laterales triangulares elevadas hasta coincidir en un vértice axial, que hoy conocemos como *pirámides*.

Además de su función funeraria, las pirámides también poseían una función simbólica, ya que las aristas simbolizaban los rayos solares que inciden sobre la tierra y que permiten que el faraón suba al cielo como hijo del Sol. Por eso, las pirámides estaban orientadas hacia los cuatro puntos cardinales.

En el actual Egipto todavía quedan muchísimas, aunque unas de la más conocidas son las **PIRÁMIDES DE GIZA**, dedicadas a Keops, Kefrén y Micerino.

Un último modelo de tumba es el *hipogeo*, que se impone durante el Imperio Nuevo. Se trata de grandes sepulcros

 **TUMBA DE TUTANKAMÓN**

 **TEMPLO DE LUXOR**

excavados en la roca en los que se distingue claramente entre la propia tumba (oculta en el interior de la roca a bastante profundidad) y la capilla (en el exterior). Uno de los hipogeos más conocidos es el del Valle de los Reyes en Luxor, donde se encuentran los sepulcros de muchos faraones del Imperio Nuevo, como la **TUMBA DE TUTANKAMÓN**.

En los hipogeos cabe destacar el templo que se dedicaba al faraón y al culto a los dioses. Esta construcción arquitectónica se ubicaba en un recinto protegido por una muralla que se concebía a partir de una avenida de esfinges que conducía a la gran puerta del templo, formada por dos grandes pilonas. Delante de la entrada al recinto amurallado se colocaba un obelisco, que daba paso a la sala hípetra,

el único espacio público, que se encontraba flanqueado a ambos lados por una hilera de columnas. A continuación, se situaba la sala hipóstila, repleta también de columnas, y que se dedicaba a las audiencias (por lo tanto solo era accesible para el rey, los sacerdotes o los funcionarios). Finalmente, se ubicaba la cela o *sancta sanctorum*, destinada a guardar la imagen del dios al que estaba consagrado el templo. Aquí los únicos que tenían acceso eran el faraón o el sacerdote. A su lado, encontramos la cámara donde se guardaba la barca sagrada del dios.

Uno de los templos más importantes del Antiguo Egipto es el **TEMPLO DE LUXOR** construido entre el reinado de Amenhotep III (1390-1352 a. C.) y Ramsés II (1279-1213 a. C.).

ESCULTURA Y PINTURA

Los materiales más utilizados para la realización de las figuras escultóricas fueron la piedra dura y el granito, ya que para los egipcios eran considerados los materiales más nobles. Sin embargo, también se realizan esculturas con madera, bronce, cobre, terracota, marfil y vidrio.

Para poder desempeñar su cometido funerario, las imágenes egipcias se atienen a un sistema de normas como la «ley del marco», según la cual el espacio queda delimitado por un marco rectangular en cuyo interior se van insertando las imágenes en hileras paralelas, y con las que se ordena la narración de hechos. Esta ley dio lugar a la simetría en todas las composiciones, ya sean de escultura o de pintura, además de configurar un sistema de proporciones que reguló la representación del cuerpo humano.

Por esta razón, la metodología de los escultores y pintores egipcios era muy particular: en primer lugar, dibujaban una retícula sobre la superficie a decorar; en segundo lugar, la figura se encajaba en la cuadrícula considerando el número fijo de partes. El resultado final es un cuerpo humano dividido en varias unidades desde la planta del pie hasta el nacimiento del pelo en la frente. Solo modificando el tamaño de la parte completa se podían realizar las figuras más grandes o más pequeñas.

Uno de los relieves más importantes es la **PALETA DE NARMER**, ubicada en el Museo Egipcio del Cairo.

Como consecuencia de este método de representación en cuadrícula, se concibe la representación cúbica del ser humano. Esta se descompone en tres partes distintas (cabeza, tronco y piernas) que son representadas desde los dos puntos de vista más característicos: perfil y frente, por lo que la cabeza y los pies se representan de lado y el tronco de frente.

Otra consecuencia de esta metodología es la ausencia de profundidad en las representaciones. Esta era expresada escalonando unos elementos sobre otros mediante la superposición de planos.

Otra característica del arte egipcio es la *perspectiva jerárquica* que se utilizaba para representar el rango de los personajes. Por lo tanto, el faraón siempre aparecía de mayor tamaño que su séquito, aunque de igual tamaño que los dioses debido a su naturaleza divina.

Por su parte, la escultura exenta atendía a la *ley de la frontalidad*, que consistía en representar la figura humana de frente y de manera simétrica. Son figuras caracterizadas por la rigidez y el hieratismo y cuya técnica respondía a la idea de transmitir la belleza ideal. No obstante, también se dio una escultura más realista en la producción privada, ya que se centró en el intento de captar la vida e incluso el movimiento de los personajes.

En el Antiguo Egipto, en la pintura se utilizaba la técnica del *temple opaco*, que consistía en la disolución de pigmentos en agua, goma, cola o yema de huevo. Después se aplicaba un barniz superficial para proteger los colores de la obra. Los colores eran planos y muy vivos, con las siluetas marcadas por una línea negra. Un claro ejemplo son las PINTURAS DE LA TUMBA DE SENNEFER.

GRECIA

El arte de la Antigua Grecia es consecuencia de un contexto que se enmarca en tres períodos históricos: Arcaico (s. VIII-VI a. C.), Clásico (s. V-323 a. C.) y Helenístico (323-31 a. C.).

A nivel de territorio, lo que hoy en día llamamos Antigua Grecia se organizaba en *poleis* (polis) o ciudades-estado. Se trataba de un conjunto de ciudades independientes y autónomas que no tenían conciencia de pertenecer a una misma organización. Únicamente tenían en común el idioma y la religión. Dos de las *poleis* más destacables fueron Atenas y Esparta.

Como sabemos, la gran civilización griega forma parte de la base de la cultura europea, sobre todo por aportar las bases de la democracia. Fue la polis de Atenas la pionera en desarrollar este nuevo sistema político en el que los ciudadanos participaban en la toma de decisiones políticas.

Fue durante la época arcaica cuando los griegos iniciaron un proceso de colonización por las costas del mar Mediterráneo. Su final era puramente comercial, no de expansión del territorio.

Al inicio de la época clásica destaca el enfrentamiento entre griegos y persas en las denominadas Guerras Médicas (contra los Medos, que era como se conocía a los persas). Los griegos salieron victoriosos y lograron defender todo su territorio, pero la supremacía de Atenas por encima de todas las *poleis* despertó mucho recelo en otras ciudades-estado, lo que provocó las Guerras del Peloponeso. Estas consistieron en una guerra civil entre Atenas y Esparta (junto con otras *poleis* que apoyaban a cada bando). A pesar de que la balanza se decantó por Esparta, no sirvió de nada, porque el debilitamiento provocado en todo el territorio por los largos períodos bélicos llevó al rey de Macedonia, Filipo II, a invadir Grecia. De este modo se inició el período helenístico, consolidado por Alejandro Magno, que quiso llevar a cabo el proyecto de expansión territorial por Oriente y Egipto que tenía su padre.

Como hemos comentado anteriormente, la cultura griega aportó muchos elementos a la cultura europea actual en diferentes campos. En filosofía destacaron eruditos como Sócrates, Platón y Aristóteles, que formularon ideas fundamentales sobre la ética, la política, la lógica y la metafísica que aún siguen siendo relevantes hoy en día. En literatura y teatro destacan las obras de Homero *La Ilíada* y *La Odisea*, así como las tragedias de teatro clásico escritas por autores como Esquilo, Sófocles y Eurípides. También los griegos hicieron aportaciones en el campo de las ciencias: Pitágoras desarrolló su famoso teorema, Euclides escribió *Los Elementos* (uno de los tratados de geometría más influyentes), y Arquímedes hizo avances en la física y la matemática.

Y a nivel deportivo, se sentaron las bases de los Juegos Olímpicos que, antiguamente, se celebraban en Olimpia, y eran un importante evento deportivo y cultural.

URBANISMO Y ARQUITECTURA

El urbanismo griego debe su existencia a **Hipódamo de Mileto**, arquitecto, matemático y filósofo del siglo v a. C. que se encargó de reconstruir la polis de Mileto en las costas del Asia Menor después del ataque de los persas. El urbanismo hipodámico consiste en un trazado reticular u ortogonal en el que se ordenan todos los edificios, y que se convertirá en todo un modelo para planificaciones urbanísticas posteriores.

Factores como la agreste topografía griega y el estilo de vida comunitario influyeron en la estructura urbanística de la polis. Principalmente, la polis está protegida siempre por una muralla defensiva, en cuyo interior se erigen dos espacios principales: la acrópolis y el ágora.

La acrópolis siempre se sitúa en la parte más alta de la ciudad y está destinada a albergar los templos. Por lo tanto, tiene una función principalmente religiosa, aunque en caso de ataque también se le daba un uso defensivo, dado que estaba rodeada por una segunda muralla. Uno de los ejemplos más conocidos es la **ACRÓPOLIS DE ATENAS**.

Por su parte, el ágora era un espacio público donde se erigían edificios destinados a actividades como asambleas políticas, transacciones comerciales, funciones judiciales y celebraciones.

En relación a la arquitectura propiamente dicha, uno de los edificios más destacables de las polis era el *templo,* cuya función principal era la de acoger la imagen de la divinidad a la que se veneraba.

39

Sin embargo, las ceremonias se llevaban a cabo fuera del templo, en la calle.

Generalmente, el templo era un edificio estructurado en tres partes: la *naos* (el habitáculo donde se situaba la imagen de la divinidad), la *pronaos* (entrada a la *naos*) y el *opistodomus* (lugar donde se guardaban las ofrendas), que estaba separado de la *naos* por un muro interior.

Las evidencias a partir de fuentes arqueológicas o escritas nos dicen que los templos evolucionaron a lo largo del tiempo. Si bien en las primeras etapas de la historia griega tenían una forma más estrecha y alargada, en época clásica serían proporcionados, ya que el lado más largo correspondía al doble más uno del lado más pequeño.

Respecto a los materiales de construcción, al principio se utilizaba la madera y, posteriormente, se emplearía la piedra caliza (calcárea) o mármol pentélico.

Existen muchas clasificaciones de templos según el número de columnas y su posición. Aunque una de las más recurrentes son los denominados órdenes arquitectónicos, esto es, según el tipo de columnas: dórico, jónico, corintio.

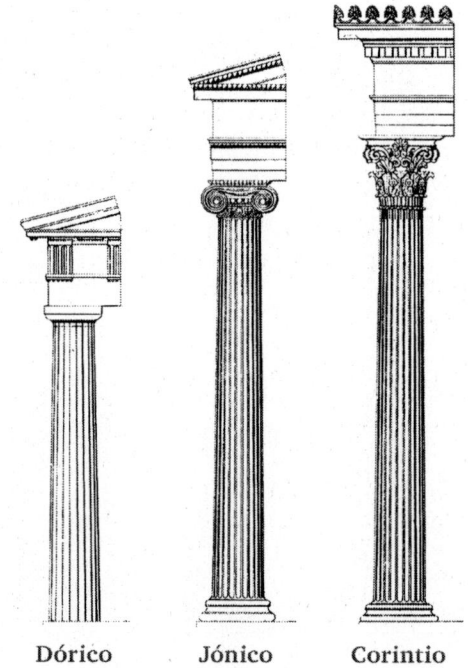

Dórico   Jónico   Corintio

 Partenón

 Templo del Erecteón

Ubicado en la Acrópolis de Atenas, el **Partenón** es un ejemplo clásico de templo del orden dórico. Fue construido en el siglo v a. C., durante el período Clásico, y consagrado a la diosa Atenea Parthenos, deidad protectora de Atenas. Tanto el Partenón como la Acrópolis de Atenas han sido designados Patrimonio de la Humanidad por la UNESCO debido a su importancia histórica y arquitectónica.

De manera mucho más minoritaria podemos encontrar columnas diferentes a las ya citadas. Son las que tienen forma humana, denominadas *atlantes* (figuras masculinas) y *cariátides* (figuras femeninas). Un buen ejemplo lo podemos ver en el **templo del Erecteón**, también en la Acrópolis de Atenas.

En relación a la arquitectura civil, a diferencia de los templos, la *casa griega* (*oikos*) era una construcción sencilla. Las casas estaban construidas con materiales más económicos (como ladrillos) y algunas disponían de alguna decoración exterior (como columnas que flanqueaban la puerta de entrada). Con la finalidad de asegurar la privacidad familiar, la arquitectura doméstica se articulaba alrededor de un patio que otorgaba luz, y también contaba con pequeñas ventanas que daban al exterior para favorecer la iluminación. También disponían de elementos importantes como pozos o cisternas para proveerse de agua recogida de la lluvia, en una sala grande abierta al patio interior. Por otro lado, cabe destacar el *andrón*, un espacio dedicado

TEATRO DE
EPIDAURO

a los hombres en el que se les acogía para celebrar banquetes y que solía situarse próximo a la puerta de entrada. El espacio dedicado a las mujeres de la casa, en cambio, era el *gineceo*, en el que las mujeres se reunían para conversar, socializar y llevar a cabo rituales religiosos en honor a las diosas griegas.

El *teatro* es otra de las construcciones más importantes dentro de la cultura griega, cuyas obras se interpretaban en el contexto de las fiestas celebradas en honor del dios Dionisos. La única solución arquitectónica que encontraron los griegos para levantar sus teatros fue aprovechar el desnivel de los montes para construir las gradas, que se erigían alrededor del escenario. Los espacios más importantes del teatro eran las gradas (*cavea*), el escenario (*scena*) y el coro (*orchestra*), el lugar en el que se situaban los músicos para acompañar la representación. El teatro fue evolucionando con el paso del tiempo respondiendo a las prioridades de cada época (por ejemplo, aunque en el siglo v a. C. el coro era muy importante, en el siglo iv a. C. se le da más espacio a la zona del escenario, ya que los actores intervienen mucho más). Un gran ejemplo de conservación de las gradas y el coro lo podemos encontrar en el **TEATRO DE EPIDAURO** en la península del Peloponeso.

Otras construcciones pertenecientes a la arquitectura civil fueron las palestras (gimnasios), las *stoàs* (pórticos) o los estadios para las competiciones atléticas.

ESCULTURA

En la Antigua Grecia la escultura se concibe entorno al concepto de antropocentrismo, es decir, el hombre es el centro de todo. Los materiales que se utilizaron fueron la madera (al principio), la piedra (sobre todo el mármol) y el bronce. Además, se emplea la policromía para decorar las figuras.

La escultura (tanto exenta como en relieve) fue evolucionando con el paso del tiempo.

Escultura exenta

Las figuras griegas que caracterizan la escultura exenta de época arcaica son los *kuroi* y las *korai*. El *kuros* era una figura humana que representaba a un hombre atleta desnudo, como el *KUROS DE SOUNION,* ubicado en el Museo Arqueológico Nacional de Atenas. Estas figuras se caracterizaban por su rigidez y frontalidad, igual que en el caso de la escultura egipcia. También se puede observar la geometrización del cuerpo y del cabello, es decir, parece que tanto el cuerpo como el cabello están compuestos por pequeñas piezas geométricas. También destaca la desproporción de manos y pies respecto al resto del cuerpo.

La versión femenina de estas esculturas es la *koré*, que representan a sacerdotisas (en este caso vestidas). *LA DAMA DE AUXERRE* (siglo VII a. C.), realizada en piedra caliza y expuesta en el Museo del Louvre, en París, es un claro ejemplo de *koré*.

Para los griegos, la belleza era sinónimo de proporción y de equilibrio, y por este motivo a partir de la época clásica (siglo V a. C.) la escultura griega tiende a ser representada con una musculatura más orgánica y en posturas más naturales.

Una obra que define la transición entre la escultura arcaica y la clásica es el *Auriga de Delfos,* actualmente en el museo de la misma ciudad. Esta figura presenta características arcaicas (como el vestido que expresa rigidez), pero en cambio, la posición de los brazos libera a la figura de la posición estática y en forma de bloque compacto, propio de la época clásica.

Ya en plena época clásica, **Policleto el Viejo** escribe *El canon,* un tratado en el que se recogen las normas y las proporciones en la escultura. Así pues, según el autor una figura debe ser siete veces la medida de la cabeza de la figura humana. Otro concepto que aparece en la obra de Policleto y que tendrá uso a lo largo de la historia del arte es el *contrapposto,* una técnica de representación de la figura humana en la que el peso del cuerpo se distribuye de manera desigual entre las piernas con el objetivo de conseguir naturalidad y dinamismo, y de romper con la rigidez de épocas anteriores.

El mismo Policleto esculpe el *Doríforo,* del que no se ha conservado el original aunque existen copias romanas. Una de estas copias se halla en el Museo Arqueológico de Nápoles. Es la representación de un atleta que muestra magníficamente el concepto de *contrapposto,* que será la postura clásica por excelencia.

Otra conocida obra clásica es el *Discóbolo* de **Mirón**, que, al igual que el *Doríforo,* no se ha podido conservar, aunque existen varias copias romanas. Lo que hace especial a esta escultura es la captación del momento en el que el atleta va a lanzar el disco. Verdaderamente, Mirón irrumpe con una postura innovadora aportando movimiento sin perder la sensación de equilibrio de la figura.

Hacia el siglo IV a. C. se producen cambios en la escultura, ya que se comienzan a tratar temas más cotidianos, se destaca la naturalidad de las figuras y se introduce el desnudo femenino. De esta época son las obras de **Praxíteles,** como el *Hermes* (Museo Arqueológico de Olimpia) y la *Afrodita de Cnido* (actualmente solo quedan copias romanas), en las que encontramos la *curva praxiteliana*, que consiste en la inclinación de una cadera de la figura para conseguir de nuevo la deseada naturalidad.

También debemos mencionar a **Lisipo**, autor del *Apoxiomeno,* con el que establece un nuevo canon de belleza según el cual el cuerpo debe ser ocho veces la medida de la cabeza (y no 7 como había determinado Policleto décadas antes).

En el período helenístico, la escultura se caracteriza por el aumento de la expresividad y del movimiento de los cuerpos. Puesto que la escultura helenística no es uniforme, se han reconocido tres tipologías o escuelas escultóricas:

- **Escuela de Alejandría**: Reproduce escenas de la vida cotidiana (cómicos, músicos...).

- **Escuela de Pérgamo**: Trata temas heroicos y románticos.

- **Escuela de Rodas**: Se caracteriza por el colosalismo y el gigantismo. Se utiliza el movimiento contorsionado. El *Laocoonte y sus hijos* pertenece a esta escuela. Es una obra que captura el mal físico y moral de los protagonistas.

Escultura en relieve

En relación a la escultura en relieve, también podemos observar una evolución muy parecida a la exenta. Así pues, en época arcaica los relieves que se ubicaban en los tímpanos, en las metopas o en los frisos se representaban de manera frontal y con una simetría rígida. La anatomía no se representaba de manera realista, y las expresiones faciales eran limitadas, como podemos observar en el frontón del TEMPLO DE ARTEMISA en Corfú (conservado en el Museo Arqueológico de la misma ciudad).

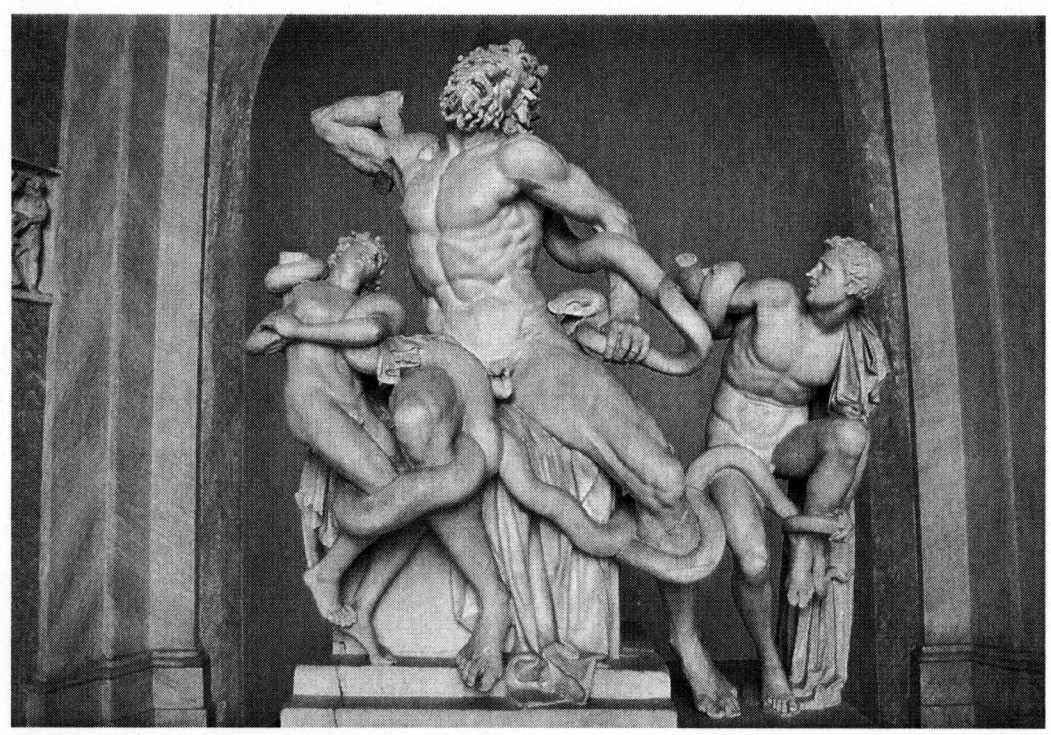

Laocoonte y sus hijos, de la Escuela de Rodas.

En la etapa clásica, las figuras adquirieron una postura más naturalista con la técnica del *contrapposto*, como hemos visto en la escultura exenta, que les daba una apariencia más dinámica. La anatomía se representaba con mayor precisión, y las expresiones faciales se volvieron más expresivas. Los temas tratados era escenas mitológicas y religiosas, pero con un mayor énfasis en la narrativa y el detalle.

En este contexto, no podemos pasar por alto a **Fidias**, que fue el escultor de obras como las metopas y el friso de las Panateneas y de los frontones del Partenón (una parte se ha conservado en el Museo Británico, otra en el Museo del Louvre y otra en el Museo de la Acrópolis de Atenas). En el frontón oriental del Partenón se relata el nacimiento de Atenea y en el occidental la lucha entre Atenea y Poseidón por el dominio del Ática. Fidias adecuó a la perfección las figuras al espacio de cada frontón. Cabe destacar que utilizó la técnica de los «ropajes mojados» (sensación de que las figuras llevaban ropa mojada y que, por lo tanto, se ajustaban a las figuras humanas).

El período helenístico se caracterizó por una mayor expresividad y dramatismo en los relieves, por lo que las figuras podían mostrar emociones más complejas, y las escenas eran a menudo más dinámicas y llenas de movimiento. Los temas versaban sobre mitología y vida cotidiana. Se crearon relieves monumentales que decoraban altares y monumentos con narrativas complejas y dramáticas como el Altar de Zeus de Pérgamo (actualmente en el Museo de Pérgamo en Berlín), donde se abordan temas de lucha contra los gigantes con un gran movimiento de las figuras.

CERÁMICA

En general, la cerámica es un elemento que ha perdurado a través de los siglos gracias a su resistencia, una característica que ha permitido a los investigadores poder fechar ciertos contextos arqueológicos.

Se puede decir que la cerámica griega es abundante y muy variada según sus formas y decoraciones, que pueden ser geométricas o con escenas de leyendas, historias, juegos atléticos o de la vida cotidiana. Tradicionalmente se han clasificado según tres estilos. En primer lugar, el *estilo geométrico* (etapa prearcaica, siglos X-VIII a. C.), que comprende piezas cerámicas de gran tamaño decoradas con bandas geométricas paralelas y alguna escena en pintura plana sin perspectiva ni proporcionalidad. En segundo lugar, la *cerámica de figuras negras* (siglo VII a. C.) se caracteriza porque las figuras eran de color negro, sobre una vasija de color rojo. Sus representaciones presentan más narrativa que en la época anterior y desaparecen las cenefas. Un buen ejemplo es el *VASO FRANÇOIS* (Museo arqueológico de Florencia). Por otro lado, la *cerámica de figuras rojas* (siglo VI a. C.) se caracteriza por el cambio de colores: ahora las figuras humanas pasan a ser rojas y aumenta su naturalidad y movimiento.

Hacia los siglos V y IV a. C., las figuras empiezan a ocupar más superficie y las representaciones serán mucho más complejas. Aparecerán piezas cerámicas policromadas e incluso, durante el periodo helenístico, se producen algunas piezas con relieves.

MOSAICO

El mosaico es una técnica artística que en la Antigua Grecia se utilizó (sobre todo durante el período helenístico) para pavimentos y paredes en la decoración de edificios públicos y privados, templos, casas, baños y áreas públicas, como gimnasios y teatros. También se usaban en áreas al aire libre, como plazas y calles.

Los mosaicos griegos se creaban principalmente utilizando piedras (que solían ser guijarros extraídos a la vera de los ríos con colores naturales o ligeramente coloreadas) o teselas (pequeñas piezas de piedra talladas de manera regular).

En los mosaicos griegos se representaban una amplia variedad de temas, como escenas mitológicas, retratos, animales, plantas, patrones geométricos y escenas cotidianas. Los motivos mitológicos y religiosos eran especialmente comunes y reflejaban la influencia de la mitología griega en la cultura.

**El arte
deriva de un deseo
de la persona
para comunicarse
con otro.**
Edvard Munch

ROMA

Según la leyenda, Rómulo y Remo fueron unos gemelos criados por una loba, y a quienes se les atribuye la fundación de Roma en el 753 a. C. Poco después, Rómulo mató a Remo porque este saltó por encima del surco que trazaba el recorrido de la futura muralla, considerado todo un sacrilegio. Tras la muerte de Remo, Rómulo se convirtió en el primer rey de Roma. Esta historia queda recogida en obras latinas como *La Eneida* de Virgilio o *Ab urbe Condita* de Tito Livio.

No obstante, gracias a la arqueología se han podido documentar poblaciones que ya se establecieron en la actual Roma desde la Prehistoria.

La historia de la civilización romana se divide en tres etapas:

- **Monarquía** (753-509 a. C.). Se inicia con la fundación de Roma en el año 753 a. C. por los latinos y sabinos. Durante este período se produce la conquista de Roma por los etruscos, quienes dejarán muchas influencias a todos los niveles en la ciudad, también artísticas.

- **República** (509-27 a. C.). En esta etapa se produce la gran expansión de Roma por la Península Itálica y el Mediterráneo, a pesar de la lucha de Roma contra Cartago durante las tres Guerras Púnicas.

- **Imperio** (27 a. C.-476 d. C.). El imperio romano inicia su recorrido de la mano del emperador Augusto, y llega a su máxima expansión bajo el mando del emperador Trajano.

La caída del Imperio Romano se inició con su división en dos en el año 395 d. C.: el Imperio de Oriente y el de Occidente, y se concretó, sobre todo, con la invasión de los pueblos bárbaros que provocó la caída del Imperio Romano de Occidente en el año 476 d. C. (El Imperio Romano de Oriente, con sede en Bizancio, perduró hasta 1453).

Junto a la civilización griega, la romana también está en los cimientos de la cultura europea. La sociedad estaba estratificada en clases sociales, desde patricios hasta plebeyos y esclavos. La familia era patriarcal y valoraban la descendencia. La educación era importante, especialmente para los patricios, quienes estudiaban literatura y retórica.

En cuanto a la economía, basaban su prosperidad en la agricultura, el comercio y la esclavitud, con una moneda ampliamente circulante.

Cabe destacar la importancia del Derecho Romano, ya que sentó las bases del derecho moderno con principios como la igualdad ante la ley y la presunción de inocencia.

En la cultura romana destacaron escritores como Virgilio y filósofos como Cicerón. El arte y la literatura romana se inspiraron mucho en la mitología griega, de quien asumió gran parte de su religión, solo que adaptándola.

ARQUITECTURA Y URBANISMO

Si hay un aspecto principal que caracteriza la civilización romana es su practicidad (a diferencia de la civilización griega, que se basaba más en la belleza). Gracias a ello se desarrollaron técnicas constructivas importantes, que propiciaron la construcción de algunas obras monumentales.

Es destacable la obra *Diez libros de arquitectura*, del romano Vitrubio, que es un tratado sobre arquitectura en el que se recogen las bases de la arquitectura romana y que influenciará a los artistas del Renacimiento.

Los materiales que más se utilizan son la piedra (como el travertino), la arcilla (en forma de ladrillo y/o de teja) y el mortero (que se prepara con cal, agua, minerales y arenas). Este último material, que daba un aspecto más pobre, se utilizó para hacer revestimientos, ya que su coste no era tan elevado como la piedra.

La arquitectura romana adoptó los tres órdenes griegos que ya hemos visto (dórico, jónico y corintio) y añadió otros nuevos, como el *orden toscano* (de tipo etrusco) y el *orden compuesto* (que consiste en un capitel con hojas de acanto como el corintio y volutas como el jónico). También se dio la costumbre de utilizar varios órdenes en una misma construcción.

A lo largo de la historia de la Antigua Roma se introdujeron muchas innovaciones, como el arco de medio punto (de influencia etrusca), la bóveda de cañón y la de arista, así como la creación de cúpulas para el cierre de algunos espacios. También utilizaron una decoración abundante con acantos, rosetas, palmetas o cráneos de buey.

El foro

Se puede afirmar que casi todas las ciudades romanas de nueva creación fueron planificadas sobre un trazado reticular con planta cuadrada. Se articulaban a partir de dos vías principales: el *cardo,* que va de norte a sur; y el *decumanus*, que va de este a oeste. El cruce entre el cardo y del decumanus era el lugar más importante de la ciudad, destinado al foro (la plaza principal de la urbe). No obstante, los edificios de espectáculos se ubican fuera de las murallas. Tenemos casos de este tipo de urbanismo en la ciudad de Timgad, en Argelia, y en la Península Ibérica en ciudades como Tarraco (Tarragona), Barcino (Barcelona), Itálica (Sevilla) o Emérita Augusta (Mérida).

El *foro* estaba rodeado de edificios públicos y religiosos, y era el centro político, comercial y religioso de toda ciudad. El ejemplo más imponente es el Foro de Trajano, en Roma, que data del siglo II d. C. y que fue construido por **Apolodoro de Damasco**. Su acceso se realiza a través del arco de triunfo que da acceso al patio donde hay una estatua ecuestre del emperador. A continuación, se encuentra la columna de Trajano y la Basílica, dos bibliotecas y el templo a Trajano. También se encuentra el mercado, que forma un hemiciclo, con sus plantas distribuidas en tres niveles.

El *templo* es una de las construcciones más importantes para los romanos por el lugar que ocupa la religión en sus vidas. De planta habitualmente rectangular, aunque en ocasiones, circular, se ubicaba en el foro. Dada la influencia de la cultura griega, formalmente el templo romano es muy parecido, aunque presenta también alguna innovación, como la construcción sobre podio. Es decir, ya no se puede acceder al

 **Templo de Portuno**

 **Templo de Vesta**

 **Panteón de Agripa**

 **Basílica Ulpia**

interior del templo desde cualquier lado, sino que se construye una escalinata de acceso al templo con la finalidad de dotar la construcción de más monumentalidad, puesto que tiene una fachada principal diferente del resto.

El pórtico de acceso al templo da lugar a una gran *naos o cella,* por lo que desaparece el *opistodomus* griego. Habitualmente tienen columnas en la fachada.

Como ejemplos tenemos el **Templo de Portuno** (o Templo de la Fortuna Viril) en el foro Boario, en Roma; el **Templo de Vesta**, de base circular; o el **Panteón de Agripa,** un templo singular al que se accede por un pórtico octástilo que da acceso al templo de planta redonda con nichos en las paredes interiores (también destaca por su cúpula semiesférica y el óculo que tiene en el techo de 9 metros de diámetro).

Otra de las construcciones que podemos encontrar en el foro es la *basílica,* un edificio con una función judicial, administrativa y financiera. Debemos buscar su origen en las *stoas* griegas. Su estructura se compone de una planta rectangular con columnata interna y un deambulatorio. En alzado, la nave central es más alta que las dos laterales, de manera que pueda acceder la luz natural.

Como ejemplo, tenemos la **Basílica Ulpia** que está en el Foro de Trajano. En planta tiene una doble columnata interior e introduce como novedad la construcción de un ábside.

 **Columna de Trajano**

 **Arco de Tito**

 **Arco de Septimio Severo**

La civilización romana también dio especial relevancia a las *construcciones conmemorativas*, como las columnas y los arcos de triunfo. Las columnas eran un elemento que se construía para conmemorar un triunfo romano, así se exhibía ante los demás el poder de Roma. Podemos citar la **Columna de Trajano** como ejemplo, que está construida sobre un pedestal cúbico donde se ubica el sepulcro del emperador. La columna en sí está decorada por un friso helicoidal que narra las conquistas del emperador en Dacia. Por su parte, los arcos de triunfo poseen la misma función que las columnas, y existen de varios tipos: los simples como el **Arco de Tito**, los triples como el **Arco de Septimio Severo**, o cuádruples como el **Arco de Jano**, todos en Roma.

Construcciones funerarias

En el ámbito funerario cabe destacar el cambio de ritual a lo largo de la historia de Roma. Si bien en los primeros tiempos se practicaba el ritual de la incineración, hacia mediados del siglo II se empieza a seguir el rito de la inhumación (enterrar bajo tierra).

Así pues, los restos humanos se podían depositar en tres tipos de receptáculos: en primer lugar, se podían introducir en una ánfora, urna o ataúd para depositarlo en una fosa o un pozo; en segundo lugar, se podían dejar en una cista, que consistía en una fosa revestida con doble vertiente; la tercera opción era el sarcófago.

Torre de los Escipiones

Sea cual fuera el depósito, siempre se utilizaba algún elemento para señalizar la ubicación de la tumba. Estos elementos podían ser estelas, placas, columnas, altares o torres. Las torres eran sólidas y solían tener un cuerpo intermedio y un zócalo en la parte inferior. En la provincia española de Tarragona se halla la **Torre de los Escipiones**, con una inscripción latina. Otro tipo de señalizador sería el hipogeo (tumba excavada en la roca).

Por último, el tipo de tumba que denotaba más poder eran los mausoleos, como el **Mausoleo de Augusto**.

Arquitectura lúdica

Al igual que en la Antigua Grecia, los romanos también otorgaron gran importancia a la arquitectura lúdica, la cual respondía a la intención de los gobernantes de mantener al pueblo contento y distraído de otras cuestiones más importantes. Esta práctica gubernamental se definía con la locución latina *panem et circenses*, que consistía en mantener pacificada la población regalándoles grano para comer y circo para entretenerse.

Así pues, era habitual la celebración de espectáculos de diferente índole en espacios que debían estar preparados para acoger grandes masas de gente. Uno de los edificios más comunes eran los *teatros*. Aunque los griegos ya habían inventado este tipo de emplazamientos, los romanos supieron innovarlos, sobre todo al lograr desplazar

su emplazamiento de las laderas de las montañas, ya que ahora se sostenían gracias a su propia estructura. El teatro se componía del atrio (el lugar donde se situaba el coro), la cavea (gradería) con escaleras y vomitorios (salidas al exterior) y la escena (escenario) con un muro de fondo. Un bonito ejemplo es el **Teatro Marcelo,** en Roma.

Otra gran novedad introducida por los romanos fue el *anfiteatro*. Se trataba de un edificio de planta elíptica destinado a celebrar espectáculos como las *munera* (luchas de gladiadores), las *venationes* (luchas con animales) y las *naumaquias* (simulaciones de batallas navales). Para estas últimas se llenaba el recinto de agua e introducían barcos para llevar a cabo el espectáculo.

La forma del anfiteatro se puede entender como la unión de dos teatros, de manera que sería un edificio elíptico con cavea (gradas) y arena (lugar donde se celebraba el espectáculo). Bajo la arena se distribuían diferentes pasadizos excavados en tierra donde aguardaban las personas y/o animales que debían salir a luchar. El anfiteatro más conocido y más grande de todo el mundo romano es el Coliseo de Roma (o Anfiteatro Flavio) que data del 70 u 80 d. C.

Continuando con este tipo de espectáculo encontramos el *circo*, cuya función era la de albergar carreras de carros y cuadrigas. Estaba estructurado sobre una planta rectangular con un lado corto semicircular, y estaba compuesto por las gradas y la arena (como el anfiteatro) y la espina (barrera o muro que separaba la arena en dos, alrededor de la que los carros hacían la carrera). Debemos buscar su origen en el estadio griego. El **Circo de Mérida**, en la provincia española de Extremadura, es un ejemplo de su existencia.

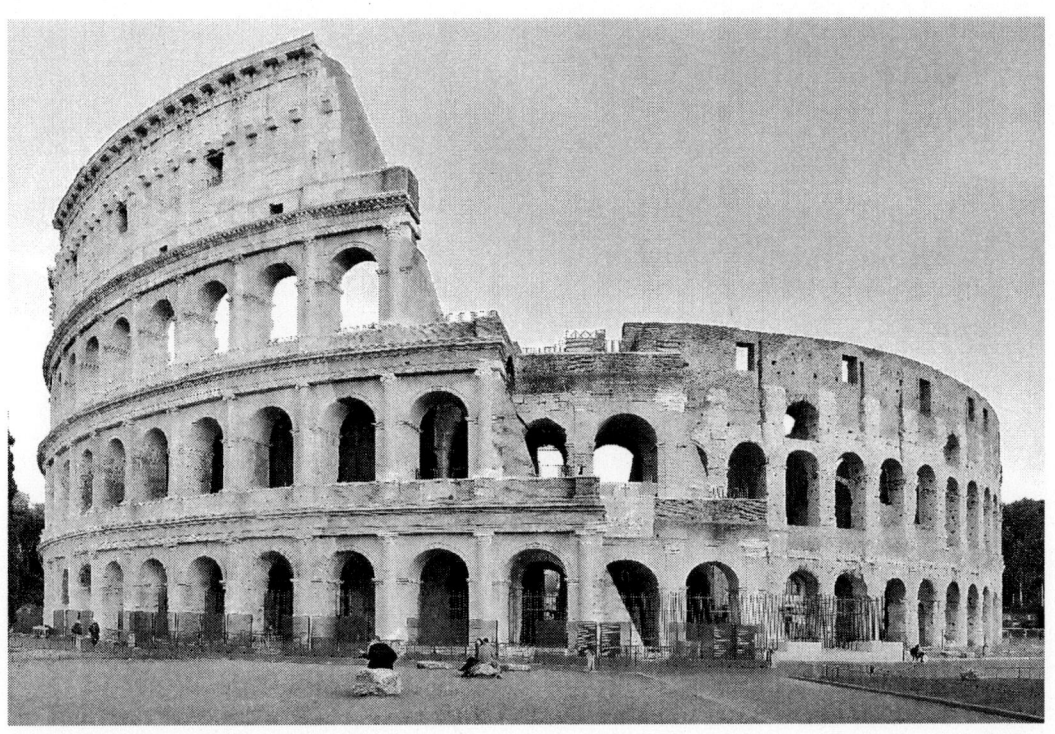

Anfiteatro Flavio o Coliseo, en Roma.

CIRCO DE MÉRIDA

TERMAS DE CARACALLA

Los *estadios* eran otro tipo de edificio que se utilizaba para celebrar juegos deportivos. Respecto a la estructura, eran más similares a los circos pero más pequeños sin espina.

Por su parte, los *odeones,* una especie de teatros pero más pequeños, se utilizaban para hacer audiciones de música.

Otro de los edificios lúdicos más importantes para la cultura romana eran las *termas,* muy utilizadas para cuidar el cuerpo, relajarse y también para reunirse con otras personas y socializar. Su estructura era compleja. Solían tener un recinto exterior ocupado por jardines. El edificio interior disponía de bibliotecas, palestras (gimnasios), estadios y los baños. Estos últimos tenían establecido un recorrido que marcaba el proceso y

orden del baño. Primero se entraba por el vestíbulo y se accedía al *apodyterium* para desnudarse; luego el baño se realizaba en tres fases: el baño frío *(frigidarium)*, el templado *(tepidarium)* y el caliente *(caldarium)*. Después se accedía a la sauna *(laconicum)* y al *unctorium*, la sala donde se aplicaban aceites y ungüentos sobre el cuerpo de los bañistas. Por último, se podía ir a la piscina *(natatio)*. Un ejemplo bien conservado son las **TERMAS DE CARACALLA,** en Roma.

Ingeniería civil

Dada su mentalidad práctica, los romanos han dejado constancia de grandes obras de ingeniería civil. Fueron los primeros de la historia que intentaron crear una red de comunicación para unir todos los puntos

PUENTE
FABRICIO

PONT DU
GARD

de su imperio. Para conseguirlo construyeron muchas *vías*. En la Península Ibérica se trazó, por ejemplo, la Vía Augusta, que cruzaba de norte a sur por el lado del Mediterráneo; y en la Península Itálica se creó la Vía Appia, que partía de Roma hacia el sur hasta Brindisi. Las vías estaban formadas por varias capas diferentes de materiales: el núcleo, el *rudus* y el *statumen*. Todas las vías estaban enmarcadas por piedras guías. En distintos países de Europa aún quedan lugares donde se conserva parte de estas vías.

Las calzadas romanas se encontraban con desniveles que se salvaban gracias a la construcción de los *puentes*. Estos se sustentaban sobre arcos de medio punto que, a su vez, se apoyaban en pilares romos. De nuevo, hay muchos vestigios en varias partes de Europa, como el **Puente Fabricio**, en Roma.

Los *acueductos*, en cambio, aunque tenían el mismo aspecto que un puente, tenían otra función: transportar el agua desde el manantial hasta la ciudad. Se sustentaban también sobre arcos, pero en la parte superior se situaba el *specus* (canal por donde iba el agua). El **Pont du Gard**, cerca de Nimes (Francia) es el acueducto romano más alto del mundo y uno de los mejor conservados.

Arquitectura doméstica

En cuanto a la arquitectura doméstica se pueden observar tres tipos diferentes de viviendas en función del nivel socioeconómico.

Domus (o casa) del Fauno

Aquellos que pertenecían a las clases sociales más ricas vivían en una *domus*.

Esta tipología de vivienda se componía de diversas partes fundamentales que se estructuraban según sus posibilidades espaciales. Habitualmente, la puerta de entrada daba acceso al *atrium,* un espacio rectangular que albergaba una piscina central, el *impluvium,* que recogía la luz solar y la lluvia a través de una abertura en el techo llamada *compluvium.* El atrio funcionaba como lugar de espera de los clientes que accedían a la casa para llevar a cabo la *salutatio.* Solía estar decorado con pinturas murales, mosaicos en suelos y paredes, columnas, el estanque y también con estatuas que recordaban los antepasados de la familia propietaria de la *domus*.

Desde el atrio, se accedía al *tablinum*, una especie de oficina y sala de transición que llevaba al *peristilum*, un jardín interior rodeado de columnas cuya función era la contemplación y el esparcimiento. Alrededor del peristilo, se encontraba el *triclinium*, un comedor formal, para los banquetes familiares; y la cocina, conocida como *culina*, donde se realizaban todo tipo de platos para llevar a cabo estos banquetes.

Las habitaciones privadas, los *cubicula*, se situaban generalmente en los extremos o en la parte trasera de la *domus*, con el fin de proporcionar un refugio íntimo para los miembros de la familia.

En Pompeya (Italia) se ha conservado bastante bien la **Domus del Fauno**.

Los ricos que no vivían en la ciudad lo hacían en el campo, en las *villas*

 VILLA DE ADRIANO (O VILLA ADRIANA)

(había quienes tenían la *domus* en la ciudad y la *villa* en el campo y cambiaban de domicilio según las apetencias). Las villas eran viviendas de lujo que se estructuraban en tres partes: la *pars urbana* (que era el lugar de residencia), la *pars rustica* (donde se guardaban las herramientas, con almacenes y establos y donde vivían los obreros), y la *pars fructuaria* (que era el lugar donde se hacía la explotación agrícola). Un buen ejemplo es la **VILLA DE ADRIANO**, ubicada en Tívoli (Italia), que fue mandada construir por el emperador homónimo en el siglo II d. C. Esta villa incluye palacios, templos, baños, teatros y jardines exquisitamente diseñados, y fue declarada Patrimonio de la Humanidad en 1999.

En cambio, la población de las clases más bajas vivía en las *insulae*. Se trataba de edificios de 3 y 4 pisos con espacios muy reducidos. Habitualmente, eran construcciones elaboradas con madera, lo que daba lugar a problemas de ruidos constantes y a cierta predisposición a los incendios.

ESCULTURA

En general, la escultura de la Antigua Roma se caracteriza por las influencias que recibió de las culturas etrusca y griega.

En los primeros tiempos, los romanos importaron esculturas griegas para decorar sus villas y jardines. La influencia griega es evidente en el estilo arcaico inicial, caracterizado por figuras rígidas y estilizadas.

 **Retrato ecuestre de Marco Aurelio**

Fue durante la época de la República cuando predomina el retrato realista y detallado, en el que se muestra la preocupación por capturar la individualidad de la persona.

El nacimiento del Imperio Romano bajo César Augusto en el siglo I a. C. marcó un cambio significativo en la escultura romana. Se desarrolló un estilo conocido como el «Estilo Augusto», que buscaba combinar el realismo republicano con una idealización más controlada. Los retratos imperiales mostraban al emperador con rasgos idealizados, pero seguían siendo reconocibles. Además, abundó la escultura monumental que se utilizó para conmemorar las victorias militares y celebrar la grandeza del imperio.

En el periodo Bajo Imperial (siglos IV-V d. C.) se inició otro gran cambio estético, ya que por un lado se acentuó el realismo hasta el extremo y, por otro, empezó a imponerse el hieratismo en las figuras simbólicas.

En cuanto al *retrato*, cabe destacar que también halla su origen en el retrato helenístico y etrusco. La mayoría de retratos fueron realizados de cuerpo entero, propio del ámbito público y honorífico. Pero también se desarrolló el *busto* (es decir, la representación de cabeza, cuello y parte superior del tórax) y el *retrato ecuestre*. Los materiales utilizados eran mayoritariamente el mármol y el bronce. Y como ejemplo tenemos el Augusto de Prima Porta y el **Retrato ecuestre de Marco Aurelio.**

Otra tipología escultórica fue el *relieve*, y sobre todo el relieve conmemorativo, que reflejó el interés por la glorificación del pasado romano para, de esta manera, afianzar las conquistas. Este tipo de relieves decoraban monumentos conmemorativos como columnas y arcos. Es especialmente significativo el Ara Pacis. *Se* trata de un altar con escenas de procesiones y ceremonias religiosas, lo que demuestra la habilidad de los artistas romanos para capturar el movimiento y la narrativa en la piedra.

Finalmente, el relieve también se aplicaba a los sarcófagos. Las estelas funerarias y los retratos conmemorativos se colocaban en las tumbas para honrar a los difuntos. Estas esculturas ofrecían una visión de la vida cotidiana y la moda romana, así como retratos realistas de los fallecidos. Los estilos variaban desde el realismo crudo hasta el idealismo más suave. Un buen ejemplo es el sarcófago de Ludovisi.

PINTURA

La pintura es un arte visual muy importante en el mundo romano. Durante la República se utilizó con frecuencia la pintura mural en paredes de villas, *domus* y edificios públicos.

La mayoría de los restos que han perdurado se encuentran solo en Pompeya y Herculano (Italia), dos ciudades sepultadas por la lava del Vesubio. Cabe decir que de estas dos urbes se ha podido extraer mucha información, ya que quedaron muy bien preservadas gracias a la acción repentina de la lava.

La técnica principal que se utilizaba era el fresco, aunque algunas veces se utilizó el temple.

Para la pintura romana se han establecido cuatro tipos de estilo pompeyanos:

 Villa de
los Misterios

- **Estilo de incrustación** (siglo ɪɪ y ɪ a. C.): Con una fuerte influencia griega, se caracteriza por la imitación de losas de mármol o de columnas.

- **Estilo arquitectónico** (siglo ɪ a. C.): Simulaba elementos arquitectónicos pintados. Poco a poco se van introduciendo diferentes escenas con temas mitológicos, paisajísticos y humanos. Un buen ejemplo es la **Villa de los Misterios**, en Pompeya.

- **Estilo ornamental** (finales siglo ɪ a. C.): Los elementos arquitectónicos ya no protagonizan perspectivas ilusionistas, sino que se alejan del naturalismo y, por lo tanto, son más irreales.

- **Estilo ilusionista** (siglo ɪ d. C.): Los elementos arquitectónicos vuelven a cobrar importancia y componen escenografías complejas en las que se plasma mucha fantasía, con figuras alegóricas y la representación de jardines y de paisajes exóticos.

MOSAICO

Los mosaicos romanos fueron una forma de arte decorativo que los romanos heredaron de la cultura helenística. La técnica del mosaico se utilizó para recubrir sobre todo pavimentos (en muy pocas ocasiones se utilizaron para decorar paredes), y se llevó a cabo desde aproximadamente el siglo ɪɪ a. C. hasta el siglo v d. C.

 Vila Romana del Casale

El mosaico se realizaba a partir de la composición de pequeñas piezas de cerámica de pocos centímetros llamadas *teselas*. Podían ser policromadas o en blanco y negro. La denominación del mosaico dependía de la tipología de las teselas. Así pues, si las losetas de mármol eran de diferentes medidas y colores, se identificaba como *Opus sectile*.

En cambio, si las teselas eran todas de la misma medida y forma, se le llamaba *Opus tessellatum*. Y si eran teselas diminutas (de 1 a 4 milímetros), se denominaba *Opus vermiculatum*. Como ejemplos tenemos el mosaico conocido como CAVE CANEM en la Casa del Poeta Trágico, en Pompeya, o el de la **Vila Romana del Casale,** en Sicilia.

No tengas miedo de la perfección, nunca la alcanzarás.

SALVADOR DALÍ

Arte medieval

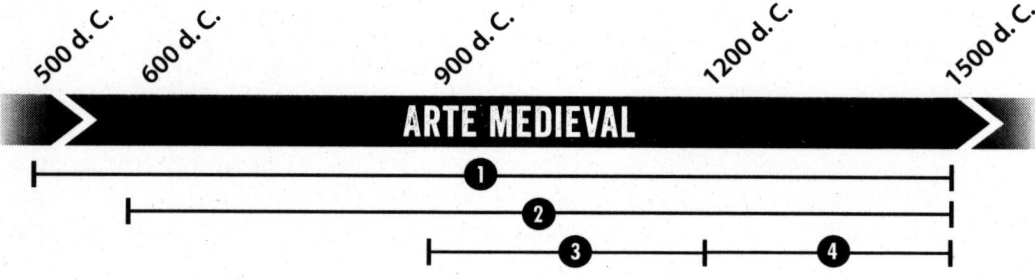

500 d. C.   **600 d. C.**   **900 d. C.**   **1200 d. C.**   **1500 d. C.**

ARTE MEDIEVAL

❶ **Arte bizantino**
500-1453 d. C.

Protobizantino
siglos V-VII

Iconoclasta
726-843 d. C.

Posticonoclasta
843-1453 d. C.

❷ **Arte islámico**
600-1500 d. C.

❸ **Arte románico**
900-1200 d. C.

❹ **Arte gótico**
1200-1500 d. C.

ARTE BIZANTINO

En el año 323, el emperador romano Constantino decidió quitarle la capitalidad del Imperio romano a Roma para otorgársela a la ciudad griega de Bizancio (fundada en el siglo VII a. C.), y que a partir de entonces pasará a llamarse Constantinopla (actualmente, Estambul). Esta ciudad ofrecía una ubicación geoestratégica incomparable ya que se situaba justo en el límite entre Asia y Europa.

Más adelante, en el año 395 el emperador Teodosio decidió dividir el Imperio entre sus dos hijos, lo que conllevó la creación del Imperio Romano de Occidente y el Imperio Romano de Oriente. Este último, heredero del legado cultural romano y griego, será el que pervivirá y el que se ha conocido como Imperio bizantino.

El Impero bizantino pasó por diferentes periodos:

- **Protobizantino** (siglos V-VII), la edad de oro del arte bizantino.

- **Iconoclasta** (726-843), en el que se da una profunda crisis que comporta la prohibición y destrucción de imágenes.

- **Posticonoclasta** (843-1453), cuando se produce la ruptura definitiva entre la iglesia romana occidental y la oriental tras el Cisma de Oriente (1054).

Desde el punto de vista político, se trataba de un gobierno centrado en la figura del emperador, quien poseía el poder absoluto y era considerado un gobernante divino. La burocracia imperial estaba compuesta por funcionarios que ayudaban en la administración.

A nivel social, el cristianismo ortodoxo desempeñó un papel dominante, por lo que la Iglesia fue el centro de la vida cotidiana. La sociedad estaba compuesta por la aristocracia, los funcionarios gubernamentales, los terratenientes, los campesinos y los esclavos.

Económicamente, la agricultura era esencial y se basaba en los cultivos de trigo, uvas y aceitunas. También se produjo un importante flujo comercial entre Oriente y Occidente, ya que Constantinopla se convirtió en un centro económico donde se comerciaba con productos como seda, especias y metales preciosos.

Tal y como hemos visto, el arte y la cultura bizantinos se cimentaron a partir de culturas anteriores como la romana, la griega y también por las influencias recibidas de la cultura oriental y del cristianismo ortodoxo.

ARQUITECTURA

La arquitectura es la representación artística más importante de la cultura bizantina.

El *templo cristiano oriental* se ve influenciado por el arte paleocristiano, con el que comparte las mismas funciones litúrgicas, pero deriva en una nueva proyección arquitectónica: la

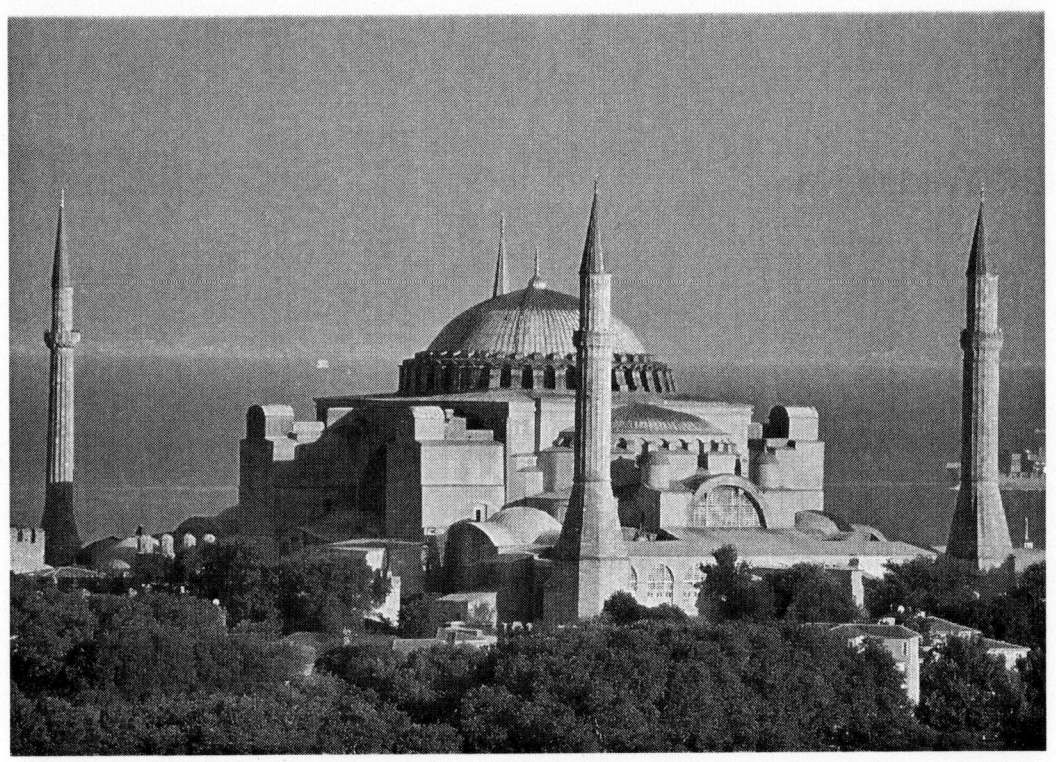

Santa Sofía de Constantinopla, en la actual Estambul.

planta centralizada (que consiste en una nave central destinada a los sacerdotes y naves laterales para los fieles, que se situaban alrededor de la central, lo que daba lugar a una planta cuadrada).

El método principal para cerrar la nave central es mediante la utilización de la cúpula, complementada con cúpulas secundarias que cubren las naves laterales. Cabe destacar que la cúpula bizantina descansa sobre pechinas. Se trata de triángulos curvilíneos que permiten pasar de la planta cuadrada a la bóveda circular a través de cuatro arcos. Aunque ya se conocían anteriormente, es ahora cuando se perfecciona esta técnica constructiva. Con este sistema se consigue que el peso de la cúpula se transmita desde las pechinas a cuatro pilares gruesos que, a su vez, lo llevan a las cúpulas secundarias que, finalmente, lo canalizan a otras más pequeñas. Este es el caso de SANTA SOFÍA DE CONSTANTINOPLA (actual Estambul).

El sistema constructivo abovedado comportaba el uso del arco de medio punto sostenido por columnas. Las columnas podían seguir los órdenes griegos, sobre todo el corintio, pero también podían adoptar nuevas formas. Cabe destacar el capitel tronco piramidal invertido, que solía estar decorado con formas vegetales o geométricas.

Esta nueva planta centralizada, cubierta con cúpulas, responde a una concepción simbólica del edificio religioso como el cielo en la Tierra. Como consecuencia, las cúpulas simbolizan el ámbito celestial. Asimismo, la luz que entra por las ventanas de las naves y de las cúpulas se interpreta como una manifestación visible pero intangible de Dios. De ahí la preferencia por la decoración mural con mosaicos, ya que el brillo de las teselas creaba una atmosfera propicia para ambientar el espacio religioso.

Los materiales de construcción habituales son la piedra, el ladrillo y el mortero. Normalmente, los materiales más pobres son los que se utilizaban para

los exteriores, en cambio, los interiores (dotados de mayor importancia) solían estar decorados con mosaicos, como hemos dicho anteriormente, y con placas de mármol.

PINTURA

La pintura bizantina expresa la supremacía absoluta de la religión desde el punto de vista social y político. Cabe destacar que la imagen pasará por un periodo de prohibición. Aunque desde los inicios es utilizada como instrumento de enseñanza religiosa, será a partir del siglo VIII cuando se produce una gran crisis iconoclasta que dura hasta mediados del siglo IX, momento en el que vuelve a admitirse la representación de imágenes. En este último periodo las imágenes de las pinturas, además de ser didácticas, van a representar lo sagrado. Por este motivo, se impondrán normas iconográficas y formales que solo afectan a los mosaicos y a las pinturas (ya que la escultura no fue considerada por la Iglesia oriental). Este tipo de representaciones derivó en un arte con figuras hieráticas, antinaturales y con una repetición normativizada de las imágenes.

MOSAICOS

El mosaico compone el programa iconográfico de la decoración mural de las iglesias, que siempre sigue un mismo patrón: en la cúpula central se sitúa el pantocrátor (que es la representación de Dios en majestad como rey de reyes) sosteniendo el libro de la Revelación en una mano y extendiendo la otra en actitud de bendición. En el interior de la **CATEDRAL DE MONREALE**, en Sicilia (Italia), podemos apreciar un buen ejemplo. En los registros inferiores, se disponen los apóstoles o la genealogía de Cristo. En la semicúpula del ábside se suele representar a la Virgen María con el niño Dios sentado en el regazo o en el brazo. Finalmente, en los muros y cúpulas secundarias se representan procesiones de santos y diversas teofanías.

ARTE ISLÁMICO

La cultura islámica se origina en la Península Arábiga a principios del siglo VII. En los años posteriores se extiende rápidamente hasta la India por Oriente y hasta la Península Ibérica por Occidente.

Cronológicamente, el arte islámico, se contextualiza en cuatro periodos:

1. **Formación y expansión del Islam** (siglos VII-IX): Se da la unificación de Arabia con Mahoma. Le seguirá el gobierno de los primeros califas y posteriormente la dinastía omeya. Es el primer periodo de esplendor del arte islámico. A mediados del siglo VIII domina el gobierno la dinastía abásida.

2. **De los tres califatos** (siglos X- XI).

3. **De disgregación** (siglos XII-XIV).

4. **De los grandes imperios.**

La religión islámica comienza con la predicación del profeta Mahoma (Muhammad), quien había recibido una revelación del arcángel Gabriel. Este hecho dio inicio a una nueva religión basada en el cristianismo y el judaísmo, de corte monoteísta y caracterizada por la simplicidad en sus rituales, en los que no existen jerarquías religiosas. La oración se realiza cinco veces al día en cualquier lugar excepto los viernes, que se hace en grupo. El lugar para llevarla a cabo es la mezquita, donde se siguen las indicaciones del imán (el guía de la oración). En el islam no se admiten las imágenes de seres vivos, razón por la que la escultura y la pintura no se desarrollaron.

URBANISMO Y ARQUITECTURA

Debemos imaginar la ciudad islámica (o *medina*) como un conjunto de edificios de poca altura distribuidos de manera desorganizada, lo que dio lugar a calles sinuosas y estrechas. La medina musulmana albergaba diferentes espacios, como la mezquita principal (aljama), el mercado (zoco), la posada (alhóndiga, que también funcionaba como almacén), el almacén de mercancías caras (alcaicería), las escuelas de estudios del Corán (madrasas) y los baños públicos. Los sectores urbanos que constituían la ciudad se organizaban de acuerdo con las ocupaciones de sus residentes. Las comunidades religiosas minoritarias se establecían en zonas segregadas.

Los materiales más utilizados en la arquitectura son el ladrillo, la piedra y el yeso, junto con la madera. Se daba más importancia a la decoración interior que a la exterior, por lo que podremos apreciar revestimientos con cerámica vidriada, mosaicos y placas de mármol o piedra decoradas.

Cabe destacar como elementos de soporte la columna y los pilares con capiteles muy variados a la vez que alejados de la estructura del arte clásico. Los arcos de medio punto y de herradura serán muy característicos de su arquitectura, además de los lobulados. Las cubiertas solían ser de madera y abovedadas.

A pesar de que la arquitectura cobra un papel importante en la cultura islámica y que el resto de expresiones artísticas se vincularon a esta, también se desarrollaron elementos decorativos con cinco motivos principales: decoración epigráfica (escritura), ataurique (formas vegetales), arabescos (entrelazado de líneas, figuras geométricas y figuras vegetales), mocárabe (pequeños prismas yuxtapuestos de madera o yeso en forma de estalactitas) y paños de sebka (retícula oblicua).

Como cultura altamente religiosa, su edificio por antonomasia era la *mezquita*, y una de las obligaciones del buen musulmán era rezar cinco veces al día mirando a la Meca. Lo podía hacer en cualquier lugar, pero el viernes era el día en el que había que hacerlo en la mezquita, por lo que en todas las ciudades musulmanas y de nueva conquista se estableció esta edificación. Se trataba de una construcción habitualmente de planta rectangular que respondía a las necesidades de la oración, por ello dispone de los siguientes elementos:

- **Patio porticado** (*Sahn*): Donde se encuentra la fuente para las abluciones rituales.

- **Torre** (Minarete): Desde la que se hace la llamada a la oración.

- **Sala de oración** (*Haram*): Generalmente dividida en naves orientadas a la Meca.

- **Alquibla**: Muro de cabecera orientado a la Meca y en el que se encuentra el nicho vacío (*Mihrab*), que es un símbolo de la mezquita.

Mezquita de Córdoba

- **Maqsura**: Nave transversal que se reserva al rezo del califa.

- **Tribuna** (*Mimbar*): Púlpito habitualmente de madera desde donde el imán dirige la oración.

Una de las mezquitas mejor conservadas es la **mezquita de Córdoba**.

Este esquema de la mezquita compuesto de patio y sala se reproducirá en los *palacios* y la *casa* musulmanes. En ambos se parte (en mayor o menor medida) de un patio con mucha presencia del agua, ya sea en fuentes o albercas, y a partir de las cuales se articulan las diferentes dependencias de la casa, como se puede apreciar en los **Palacios nazaríes** de la **Alhambra de Granada**. La parte especial de estas construcciones es su intención de preservar la intimidad del hogar, lo que se consigue gracias a la construcción del zaguán, que consiste en un vestíbulo de entrada con forma acodada para que no se pueda ver el interior. El harén será otro espacio de la casa, en este caso destinado exclusivamente a las mujeres que se ocupan del funcionamiento de la casa y al cual solo pueden acceder personas muy cercanas a la familia.

Otros edificios importantes en el arte islámico son las *alcazabas* (recintos fortificados y defendidos por una guarnición militar destinados a la residencia del gobernador), el *alcázar* (la residencia destinada a la realeza) y los baños públicos (*hammam*). En estos últimos se disponía (igual que en las termas romanas y griegas) de salas de agua tibia, caliente y fría, y se combinaban los usos entre hombres y mujeres con unos horarios concretos.

A través de la construcción de edificios también se desarrollaron otras artes decorativas, como la cerámica, los tejidos y los objetos de bronce.

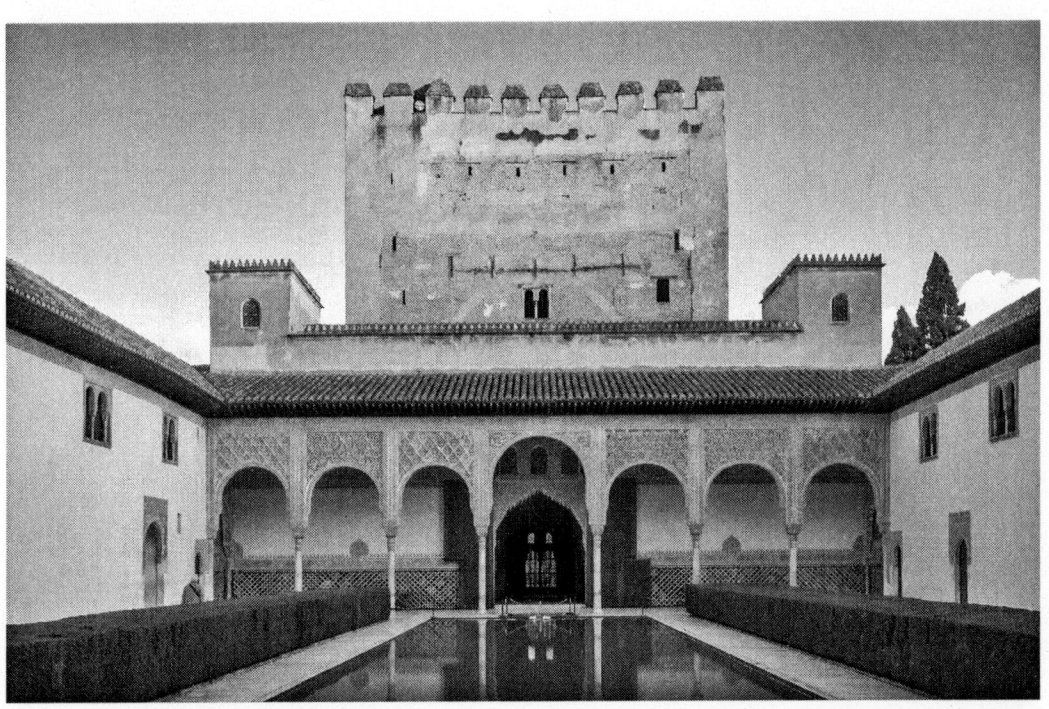

Patio del PALACIO DE COMARES, dentro de LOS PALACIOS NAZARÍES de la ALHAMBRA DE GRANADA.

**El arte es
lo que dejas salir.**
ANDY WARHOL

ARTE ROMÁNICO

Después de la caída del Imperio Romano de Oriente en el 476 d. C., la Europa occidental afronta una época de cambios radicales a nivel social y económico provocado por la crisis del imperio y las invasiones bárbaras.

No será hasta la implantación del imperio Carolingio en el siglo VIII que se producirá la alianza entre la Iglesia romana y el poder político, lo que dio lugar a una importante cohesión cultural en el territorio europeo.

Así pues, entre los siglos V y VIII el conjunto de manifestaciones artísticas es muy diverso, ya que se da en diferentes regiones, como en la Galia (arte merovingio), Hispania (arte visigodo), Italia (arte ostrogodo), etc. Ya en el siglo IX y hasta el X tendrá lugar el arte prerrománico, que se compone del arte carolingio (Francia), arte asturiano (Norte de España) y arte otoniano (Europa central), y que establecerá las bases de lo que luego será el románico.

En cuanto al arte propiamente románico, los historiadores lo sitúan entre los siglos X y XII en Europa Occidental.

Durante el periodo románico, la sociedad medieval posee una estructura altamente jerarquizada en diferentes estamentos. El grupo de privilegiados se componía de la nobleza y el clero, encabezados por el rey o señor feudal; y el grupo de no privilegiados era conformado por los campesinos. En este contexto, surgió el *Feudalismo*, que se basaba en relaciones de dependencia y lealtad mutua entre los señores feudales (que proporcionaban protección a cambio de servicios y recursos) y los campesinos y vasallos. El feudalismo fue altamente descentralizado y fragmentado, lo que llevó a una falta de unidad política en Europa durante gran parte de la Edad Media.

En cuanto a la economía, cabe destacar que era eminentemente agrícola, puesto que las ciudades fueron abandonadas a causa de las invasiones bárbaras. Las actividades agrícolas consistían en el cultivo de cereales, la cría de ganado o la producción de alimentos básicos.

Alrededor del año 1000 se sucedieron una serie de cambios importantes para la sociedad, como la seguridad en las fronteras, la reactivación de las ciudades, la roturación de nuevas tierras de cultivo y el aumento de la población. En este contexto se producirá la expansión del cristianismo de manera homogénea, sobre todo gracias a la reforma benedictina de Cluny y a la de la orden del Císter, que dieron lugar a la construcción de muchos monasterios y abadías. Otra de las causas de la expansión del cristianismo fue la costumbre de peregrinar a Roma y a Santiago de Compostela.

ARQUITECTURA

El material constructivo más importante del románico es la piedra, incluso en las cubiertas. El sistema de soporte por excelencia va a ser el arco de medio punto (construido sobre pilares o columnas), así como la bóveda de cañón y la

IGLESIA DE SAN MARTÍN DE TOURS

bóveda de arista y de cuarto de esfera. El hecho de realizar estas cubiertas en sillares de piedras, muy pesadas, conllevará un problema arquitectónico a lo largo del tiempo. La solución a la que se llegó fue la distribución de la fuerza ejercida por la cubierta a través de arcos, columnas, pilares, muros y contrafuertes. Por lo tanto, las ventanas de los muros serán de un tamaño muy reducido para no debilitar el muro.

La tipología arquitectónica más importante del románico es la *iglesia*. Su estructura se concreta en edificios con planta de cruz latina que se conformaban a partir de una o tres naves longitudinales (la central siempre más alta) y un transepto que cruzará perpendicularmente estas naves principales. En la intersección entre la nave principal y el transepto se ubica el crucero, cubierto por una cúpula. El espacio posterior al crucero se denomina *presbiterio* y es el lugar reservado a los sacerdotes y al altar mayor. En el bajo presbiterio acostumbra a ubicarse la cripta, que acogía sepulcros y reliquias. Por último, el ábside es la manera de cerrar la cabecera de la iglesia, lo que da lugar al deambulatorio o girola, que es el espacio que circunda el altar. Finalmente, siempre se acompaña de una o dos torres en la fachada principal, que albergan el campanario. Podemos encontrar todas estas características en la **IGLESIA DE SAN MARTÍN DE TOURS**, en Frómista (Palencia, España), construida en el siglo XI.

Como ya hemos mencionado, cabe destacar la poca luz que penetra en el interior de la iglesia románica, ya que las ventanas son muy pequeñas. Este hecho daba lugar a la creación de un ambiente de recogimiento, meditación y de conexión con la divinidad.

Otra construcción habitual en la época del románico es el *monasterio*. Se trata de un conjunto de construcciones que se articulan alrededor de un elemento principal: el claustro (un patio de planta cuadrada y porticado en cuya parte central se encuentran diferentes tipos de vegetación y, habitualmente, una fuente). El claustro es el lugar inspirador y evocador del paraíso, al que los monjes podrán retirarse para meditar en silencio. El resto de espacios ubicados alrededor del claustro serán la iglesia, el refectorio o comedor, el dormitorio común, la sala capitular (donde se lee diariamente la Regla de la orden religiosa), el calefactorio (donde los monjes podían meditar o leer en los días muy fríos), la biblioteca y, por último, el hospicio y el hospital. La ABADÍA DE CLUNY, en Francia, es el modelo clásico de monasterio románico.

En cuanto a la arquitectura civil cabe destacar el *castillo*, que era la mansión del señor feudal y que tenía una función defensiva. Por esta razón se ubicaban en zonas altas desde donde se podía controlar el territorio circundante. La muralla es el elemento principal de defensa, siempre muy gruesa y construida en piedra. En el interior destaca la torre del homenaje, que será la más alta y desde donde se articula la vigilancia.

ESCULTURA

La escultura del románico está estrechamente vinculada a la arquitectura y su función fue decorativa, pero con un valor didáctico. Y es que en un mundo donde la mayoría de la población no sabía leer, la manera de entender e interiorizar el cristianismo fue a través de la imagen (esculturas, pinturas, etc.). Así pues, la colocación y uso de la escultura y su significado nunca fue casual.

En las iglesias, el espacio que separa el mundo terrenal de lo divino, encontramos relieves de todo tipo. Sobre todo en las portadas (en general) y en los tímpanos (en particular, encima de la puerta de entrada) se esculpían imágenes relacionadas con Cristo en majestad (*Maiestas domini*) acompañado del tetramorfos, es decir, la representación de los cuatro evangelistas. Alrededor de este espacio se decoraban las arquivoltas y el parteluz con elementos vegetales, geométricos o incluso figurativos.

Este tipo de escultura se caracteriza por su inexpresividad, ya que son hieráticas y rígidas. Se utiliza la perspectiva jerárquica, en la que se establece a Cristo como la figura principal y, por lo tanto, más grande en relación con el resto de elementos y figuras. Otra de las características que presenta el relieve románico es el *horror vacui* (literalmente 'miedo al vacío'), es decir, se tiende a llenar todo el espacio compositivo. Por último, cabe destacar el predominio de la simetría en el esquema compositivo. Un buen ejemplo de todo ello es el tímpano de San Pierre de Moissac.

También los capiteles situados en las iglesias y en los claustros de los monasterios albergaron diferentes imágenes con un gran sentido narrativo y fantástico, donde se representaban pasajes bíblicos y ciertos vicios que sirven como motivo de reflexión y enmienda.

La escultura exenta en el románico es anecdótica. La mayoría de las esculturas están realizadas en madera policromada y las temáticas se limitan a la crucifixión de Cristo y a la Virgen María. Se trata de representaciones en las que no se expresa ninguna señal de sufrimiento en la cruz, a pesar de estar sujeto por varios clavos. De la misma manera, la Virgen sosteniendo al niño Jesús no expresa ninguna emoción ni comunicación con su hijo. Todo ello es debido a la prioridad de la Iglesia de transmitir un mensaje de contenido religioso comprensible, por encima de la representación de escenas y figuras escultóricas verosímiles.

PINTURA

En el interior de las iglesias también se encuentran pinturas murales. Igual que hemos visto en la escultura, los programas iconográficos estaban relacionados con el significado simbólico de las diferentes partes del templo. Por lo tanto, en el ábside (vinculado con el ámbito celestial) se representaba normalmente a Dios en su gloria, mientras que en los relieves de los tímpanos aparecía el Pantocrátor (o *Maiestas Domini*), que solía representarse bendiciendo con la mano derecha. A su alrededor, solía aparecer también el Tetramorfos, es decir, la representación de los cuatro evangelistas (Mateo, Lucas, Marcos y Juan). Además, se acompañaban de otras figuras como ángeles, arcángeles o querubines.

En cambio, en las naves laterales de la iglesia la narración versaba sobre el Antiguo y Nuevo Testamento, desde la Creación hasta el Juicio Final.

La técnica utilizada en las pinturas era el fresco, en dos tipologías pictóricas diferentes: en primer lugar, la de origen carolingio, como es el caso de las pinturas del PANTEÓN REAL DE SAN ISIDORO, en León (España). Por otro lado, la de tradición bizantina, como las pinturas de la iglesia de SANT CLIMENT DE TAÜLL, que actualmente se conservan en el Museo Nacional de Arte de

Catalunya (MNAC), en Barcelona, aunque originariamente estaban en el ábside de la iglesia del pueblo de Taüll, en Lleida.

La pintura románica comparte algunas características con el relieve, como son el hieratismo, la ausencia de fondos paisajísticos, la perspectiva jerárquica y la falta de expresividad. En cuanto al dibujo, los contornos aparecen muy perfilados por una gruesa línea negra.

MINIATURAS

En este contexto, cabe destacar la ilustración de libros que se realizaba en este periodo ya que es una de las fuentes principales de la iconografía mural y sobre madera, lo que influyó en las artes como la escultura y la pintura, tal y como hemos visto anteriormente. Estas ilustraciones se realizaban en pergaminos elaborados con piel de ternera, cabra u oveja.

ARTE GÓTICO

El arte gótico nace en la Francia del siglo XII y se expande por Europa hasta el siglo XV.

Gracias a los avances técnicos en la agricultura, a partir del siglo XII se produjo un crecimiento económico y demográfico que dio lugar al aumento de las transacciones comerciales y, por tanto, al desarrollo de las ciudades. Una parte importante de la población que vivía en el campo se trasladó a las ciudades en busca de una vida mejor, puesto que ya no había que temer a las invasiones bárbaras.

En este contexto se dio la aparición de la burguesía. Esta nueva clase social surgió como consecuencia del enriquecimiento mercantil y, poco a poco, se fue posicionando muy cerca de la nobleza, ya que poseía un importante poder adquisitivo. Se desarrollaron, además, sistemas monetarios y bancarios que facilitaron las transacciones comerciales y el intercambio de bienes y servicios.

Por otro lado, la construcción de catedrales y la producción de objetos de lujo, como manuscritos iluminados y joyería, crearon oportunidades económicas para artistas y artesanos, cuyo número empezó a aumentar.

En relación a la cultura, cabe destacar que durante esta época pasó del monopolio de los monasterios rurales a las órdenes mendicantes urbanas (franciscanos y dominicos), que crearon escuelas y universidades que, poco a poco, se fueron independizando de la influencia de la Iglesia.

En el siglo XIV se produjo la crisis de la Baja Edad Media, provocada por el hambre, la peste y la guerra. Esta gran crisis dio lugar a una época de descenso tanto demográfico como económico. Este hecho se reflejó en el arte, ya que el gótico se transformó en un arte más humano y cercano, puesto que no castigaba al fiel como en el románico; sino que era más comprensivo por la difícil situación que se vivía durante esta época.

ARQUITECTURA

El arte gótico surge como una forma de expresar la nueva sensibilidad. Los nuevos arquitectos góticos tienen dos grandes objetivos en sus edificaciones: lograr una gran elevación y luminosidad (en contraposición a la arquitectura románica, más tosca).

Los avances técnicos que se van descubriendo y que se aplican a la arquitectura dieron lugar a nuevos sistemas de fuerzas con los cuales se podían construir edificios de otra manera: los muros pasan de tener una función de soporte a ser un elemento de cierre de espacios, por lo que se pueden sustituir por grandes y bonitas vidrieras que permiten llevar la luz al interior de los edificios.

De entre los elementos arquitectónicos fundamentales que encontramos en la arquitectura gótica destaca el *arco apuntado* (u ojival) que está formado por dos porciones de curva que forman un ángulo en la clave (en el medio del arco). Es un recurso ya usado por los arquitectos islámicos y que se utilizará en el gótico de manera generalizada. La ventaja es que se necesitan menos fuerzas laterales que con el arco de medio punto, tan característico del románico, y, por lo tanto, el techo se puede sostener con menos fuerza.

Otro elemento destacable es la *bóveda de crucería*, que consiste en el cruce de dos arcos apuntados. Deriva de la bóveda de arista románica, y está formada por cuatro arcos cruzados cuyos empujes están concentrados en cuatro puntos concretos. Este tipo de bóveda puede llegar a tener 6, 8 o más nervios, con lo que cabía la posibilidad de construir bóvedas estrelladas (la evolución más compleja de la bóveda de crucería).

Por otro lado, el *pilar* es un elemento vertical clave cuya función es la de sostener los techos. El pilar gótico también incorporará elementos que se le adhieren, como las finas columnas que se construyen a su alrededor (llamadas *baquetones*). De ahí el pilar baquetonado, que se decorará con un capitel corrido.

Un nuevo elemento que no se había visto en la arquitectura hasta la llegada del gótico es el *arbotante*. Consiste en un elemento situado en la parte exterior de la edificación que parte de la parte superior de la bóveda para equilibrar los empujes laterales de las construcciones. Los arbotantes se suelen rematar con un pináculo que sirve para resaltar la estructura ascendente del edificio.

En la decoración arquitectónica también encontramos novedades. En esta ocasión se realizan elementos geométricos (con triángulos curvos y óvalos), vegetales (con hojas de hiedra, roble y tréboles), animales (con naturalismo y seres fantásticos), y humanos (más realistas).

La ubicación de los elementos decorativos también cambiará respecto al románico, ya que los capiteles tendrán espacios reducidos, por lo que se decorarán

los retablos, los coros y las portadas. Los ventanales tendrán pequeñas columnas en su interior que también serán lugar de decoración. Los rosetones serán muy frecuentes en el gótico, con los que se consigue iluminar la base del templo.

El edificio modelo de esta época es la *catedral*. En cuanto a la forma, la planta suele tener de tres a cinco naves y un crucero que atraviesa las naves. La cabecera es muy grande y se disponen muchas capillas. Respecto al alzado, hay una diferencia considerable entre la altura de la nave principal y las laterales y las capillas exteriores. Estas diferencias dependerán, en muchas ocasiones, de las tendencias arquitectónicas de cada país. Por ejemplo, se puede observar las grandes diferencias entre la

CATEDRAL DE COLONIA en Alemania y la de NOTRE-DAME en París, ambas

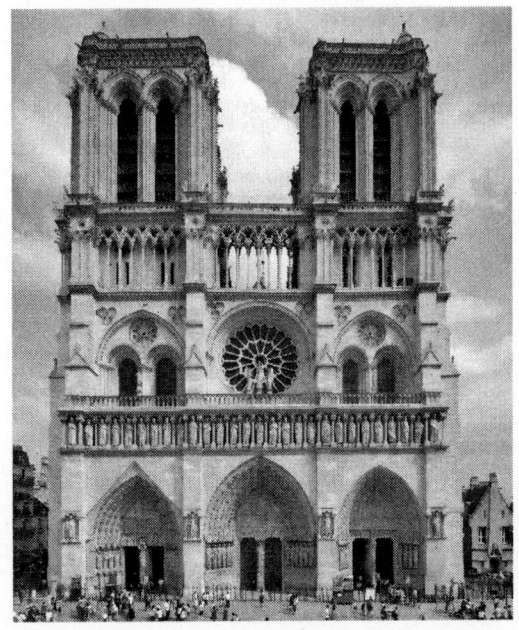

NOTRE-DAME de París.

93

 **Saint Chapelle**
(París)

góticas, pero con diferencias considerables. Un ejemplo intermedio sería la CATEDRAL DE CHARTRES.

En general, la planta de la catedral es de tipo basilical, es decir, se compone de tres o cinco naves (a veces incluso siete), de entre las cuales la nave central siempre será la más alta. El transepto (la nave que cruza perpendicularmente) suele ser muy corto, a la vez que la cabecera de la catedral es muy amplia, ya que la girola (o deambulatorio) suele ser doble. Esta cabecera se compone de diversas capillas.

Respecto al alzado interior, el espacio se divide en tres niveles: las arquerías, que dan acceso a las naves laterales; el triforio, que es un corredor de arcuaciones estrechas; y el claristorio, situado en la parte más alta con grandes ventanales.

Así pues, durante el gótico se produce una evolución en la función del muro de la iglesia: ahora ya no actúa como soporte, sino como cierre, ya que el peso de la fuerza de la cubierta se distribuye en los pilares internos y en los arbotantes y contrafuertes externos. Por lo tanto, el muro puede ser mucho más fino e incluso decorarse con vidrieras, como es el caso excepcional de la catedral de **Saint Chapelle**, en París.

En relación a la arquitectura civil cabe destacar el *palacio urbano*, un edificio muy característico del gótico ya que será la residencia del patriciado urbano que empieza a proliferar en esta época. El arco apuntado y la bóveda de crucería estarán presentes en este tipo de edificaciones, aunque no presentan la verticalidad de las catedrales.

Por último, es importante aclarar que, aunque existen unas características generales respecto a la arquitectura gótica, también existen peculiaridades según la zona o el país. Es por ello que se puede hablar del gótico francés, alemán, español o italiano.

ESCULTURA

La escultura del gótico está en constante evolución y, al igual que la arquitectura, pasa por diversas fases evolutivas.

Como novedad, durante esta época la escultura se va liberando gradualmente del marco arquitectónico.

Los materiales más utilizados son la piedra y la madera en los exteriores, y el marfil y el alabastro en los interiores.

Los capiteles van perdiendo importancia escultórica en detrimento de los retablos, púlpitos y sillas del coro, que van a ilustrar las diferentes temáticas religiosas puesto que ya no se utilizan los frescos.

En general, la escultura gótica se caracteriza por una mayor naturalidad respecto al románico, donde se pueden apreciar elementos más individuales y personales. Cabe destacar la comunicación entre las figuras que reflejan expresividad y sus propios sentimientos, como podemos apreciar en el PÓRTICO DE LA ANUNCIACIÓN de la Catedral de Reims, en Francia.

La temática del arte gótico sigue siendo, sobre todo, religiosa. Fundamentalmente, se representa a la Virgen María con el Niño con la intención de mostrar el lado más maternal de la madre. Otra figura que se esculpe es Jesús en la cruz, en la que se quiere reflejar el sufrimiento de la pasión de Cristo. La iconografía gótica de temática religiosa la completan los temas sobre el Juicio Final y las imágenes de santos.

Durante esta época se comienzan a cultivar nuevos géneros, como el retablo y el sepulcro. El retablo será muy importante en el campo de la pintura y la escultura, y con el que se llegaron a crear grandes conjuntos monumentales. El sepulcro, en cambio, será más importante en el campo de la escultura: se labrarán estatuas exentas con la figura en la tapa, y las sillas de los coros también están decoradas con esculturas que se sitúan en los respaldos y brazos.

De la misma manera que en el románico, en el gótico predomina el relieve sobre la escultura exenta. El relieve irá incorporando las leyes de la perspectiva y también paisajes como, por ejemplos, árboles y edificios. Igualmente, los tímpanos y las arquivoltas son aprovechados para incluir relieves en los que se intenta aprovechar al máximo el espacio.

PINTURA

Como hemos visto en el apartado de la arquitectura gótica, los muros de piedra tienden a ser sustituidos por grandes ventanales. Por lo tanto, la pintura al fresco va quedando en desuso para dar paso a nuevas soluciones técnicas. Así pues, se generalizará la pintura al temple, las vidrieras y las miniaturas.

La pintura al temple se utiliza para decorar retablos, puesto que es una técnica usada sobre madera que incluye, como aglutinantes, la clara de huevo o la goma arábiga, lo que permite plasmar mejor los detalles. Además, los colores se mantienen más vivos y brillantes. Por otro lado, se dan los primeros pasos con una nueva técnica pictórica: el óleo.

De la misma manera que en la escultura, las temáticas versan entorno a la vida de Jesús y María, los evangelios apócrifos y la vida de los santos.

CAPILLA DE LOS SCROVEGNI (360°)

En líneas generales, la pintura gótica se caracteriza por presentar unas proporciones naturales (muy lejos de la perspectiva jerárquica) y por la expresividad en las caras de los personajes. Otra de sus características es la captación de la luz con el fin de dar volumetría a las figuras, como se puede apreciar en *EL MATRIMONIO ARNOLFINI* de **Jan Van Eyck**. Se trata de un óleo sobre madera que representa el enlace de un burgués italiano llamado Giovanni Arnolfini y su esposa. Gracias a la luz que entra por la ventana de la cámara donde se encuentran, las figuras adquieren mayor volumen, lo que les aporta más realismo.

Otra de las características del gótico es la creación de un marco espacial en el que se desarrollan las escenas que se narran, de manera que queden perfectamente contextualizadas. Un claro ejemplo es la **CAPILLA DE LOS SCROVEGNI,** pintada por **Giotto di Bondone** en Padua, Italia. Las escenas explican los principales episodios de la vida de Cristo, y los personajes aparecen enmarcados en paisajes y en elementos arquitectónicos, una técnica muy novedosa para la época.

Arte moderno

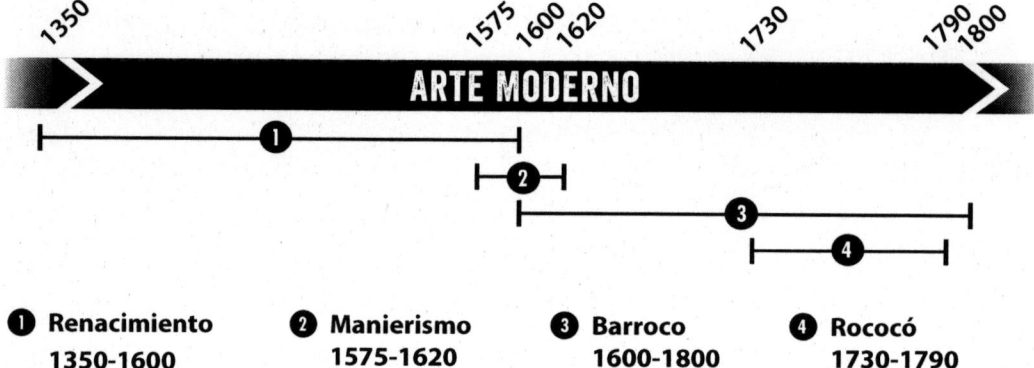

1350

1575 1600 1620

1730

1790 1800

ARTE MODERNO

❶ **Renacimiento**
1350-1600

❷ **Manierismo**
1575-1620

❸ **Barroco**
1600-1800

❹ **Rococó**
1730-1790

EL RENACIMIENTO Y EL MANIERISMO

El arte del Renacimiento se origina en la Italia del siglo xv (*Quattrocento*) y se extenderá por toda Europa durante el xvi (*Cinquecento*).

Es una época en la que, superada la crisis de la Baja Edad Media, ha tenido lugar el resurgimiento del comercio y, con ello, el de la vida urbana. También se producen grandes descubrimientos y conexiones con otras culturas, como la llegada de los portugueses a Oriente, la primera vuelta alrededor del mundo o, todavía más importante, el descubrimiento de América. Todo ello va a comportar nuevos intercambios comerciales en zonas diferentes a la hasta entonces casi exclusiva cornisa mediterránea.

La burguesía empieza a ser una clase social en ascenso y se va a convertir en mecenas del arte. Así pues, familias burguesas como los Médici en Florencia o los Sforza en Milán alientan una alta demanda artística, pero esta vez sin tanto protagonismo de las temáticas exclusivamente religiosas, propias de toda la Edad Media.

Un hito crucial en el siglo xvi es la Reforma Protestante, promovida por

Martín Lutero desde Alemania y que sacude los fundamentos de la Iglesia católica tradicional. La Iglesia, por tanto, experimenta una crisis a raíz de la descomposición interna y de la falta de autoridad. Como respuesta al peligro protestante, a mediados del siglo XVI la Iglesia de Roma promueve la Contrarreforma Católica, un movimiento de renovación espiritual cuyos principales focos se centran en Italia y España.

La concepción de los hombres del Renacimiento sobre la Edad Media es muy negativa, ya que se considera una etapa oscura que hay que olvidar. La visión renacentista se fija más en la Antigüedad Clásica, ya que se considera que es cuando el hombre alcanzó sus mayores logros. Por ello, el arte y la cultura van a centrarse en la difusión de la cultura clásica, lo que provocó el desarrollo de una nueva corriente intelectual y filosófica, el Humanismo, basado en la idea de que «el ser humano es el centro de todas las cosas».

De esta manera se va produciendo un alejamiento del dogmatismo eclesiástico para acercar la cultura a los conocimientos científicos y al desarrollo de las universidades.

Toda esta nueva corriente cultural obtuvo un gran aliado con la invención de la imprenta, de Johannes Gutenberg, que propició una rápida difusión de las principales ideas y contenidos del Humanismo.

ARQUITECTURA

La arquitectura clásica está muy presente en el Renacimiento. Así pues, los elementos arquitectónicos propios de este movimiento cultural vuelven a ser las columnas clásicas de orden griego (dórico, jónico y corintio) y de orden romano (toscano y compuesto). También se produce un regreso al uso del arco de

medio punto, de la cúpula de media esfera, de las estructuras arquitrabadas, y de frontones y entablamientos. No obstante, no se les dio el mismo uso que en la Antigüedad, sino que en esta ocasión serán utilizados para crear edificios completamente proporcionados y simétricos, es decir, sujetos a las formas geométricas más básicas y más perfectas según el hombre renacentista.

Entre los grandes protagonistas del *Quattrocento* florentino destacan arquitectos como **Filippo de Brunelleschi**, a quien se le encomendó la tarea de reconstruir la iglesia de **Santa María del Fiore**. En el *Cinquecento* también destacaron arquitectos como **Jacopo Vignola** o **Andrea Palladio** que, influenciados por los antiguos escritos de

Vitrubio, estudiaron diferentes monumentos de la Antigüedad clásica con el fin de proyectar edificios renacentistas.

En cuanto a las tipologías arquitectónicas, vuelve a destacar la *iglesia* como edificio principal, y en el que encontramos dos tipos de plantas: la basilical y la centralizada. La planta basilical responde a una planta de cruz latina que recupera las tres naves del románico y en la que destaca la nave central, de mayor altura. El crucero se corona con una cúpula y se prioriza la horizontalidad en la construcción (por tanto, se produce un alejamiento respecto a la construcción gótica, con edificios muy elevados). En relación a la apariencia exterior, se incorporan elementos propios del templo griego como el frontón triangular,

 Santa María de la Novella

 Basílica de San Andrés

 Iglesia de San Lorenzo

 San Pietro in Montorio

como en el caso de **Santa María de la Novella** de **Leon Battista Alberti**, en Florencia. Incluso algunas iglesias llegaron a disponer de la forma propia del arco de triunfo romano, como se puede observar en la **basílica de San Andrés**, en Mantua, del mismo arquitecto.

Otro modelo de iglesia renacentista donde impera la simetría y la proporcionalidad lo podemos encontrar en Florencia en la **Iglesia de San Lorenzo**, proyectada por **Brunelleschi.**

En cuanto a la iglesia de planta centralizada, esta se concreta en plantas circulares o bien de cruz griega. El alzado de estas construcciones responde también a elementos clásicos, como la escalinata de acceso para sortear el podio, columnas de órdenes clásicos, etc. Sin embargo, la planta responde a la forma del círculo, uno de los esquemas geométricos básicos del Renacimiento que simboliza la perfección de las formas. Un fabuloso ejemplo de iglesia con planta circular es **San Pietro in Montorio** en Roma, de **Donato d'Angelo Bramante.**

Otra de las tipologías arquitectónicas destacables en el Renacimiento es el *palacio*. Se trata de una construcción de forma cúbica que responde a la distribución simétrica de los espacios. El gran protagonista de estas construcciones es el patio central, a partir del cual se articula el resto de dependencias.

En cuanto a su aspecto exterior, cabe destacar que es un edificio donde la

 **PALACIO RUCCELLAI**

 **VILLA CAPRA**

 ***PUERTA DEL BAPTISTERIO*** de la CATEDRAL DE FLORENCIA

puerta principal pasa totalmente desapercibida. Como arquetipo se puede observar el **PALACIO RUCCELLAI**, en Florencia, de **Alberti.** La construcción (que posee molduras horizontales en su fachada) está dividida en tres plantas que se diferencian a partir de distintos órdenes: toscano y dórico, jónico y corintio, inspirado en la fachada del Coliseo de Roma. Los muros están construidos con sillares de piedra decorados con un almohadillado; de esta forma se consigue aligerar el aspecto tosco de la construcción. Además, la multitud de ventanas dispuestas de manera regular a lo largo de toda la fachada también contribuye a aligerar esta sensación de macizo.

Por último, resurgen las villas o casas de campo inspiradas en las *villae* romanas. Son construcciones propiedad de familias adineradas que quieren alejarse del ajetreo de la ciudad y estar en contacto con la naturaleza. En este sentido, destaca la **VILLA CAPRA** (O LA ROTONDA) en Vicenza, de **Palladio**, ubicada en un entorno magnífico.

ESCULTURA

El punto de partida de la escultura renacentista se encuentra en la ***PUERTA DEL PARAÍSO DEL baptisterio*** de la CATEDRAL DE FLORENCIA, realizado por **Lorenzo Ghiberti**. Se trata de unos relieves sobre el Antiguo Testamento en los que ya se introduce la novedosa perspectiva geométrica.

OBRAS DE MIGUEL
ÀNGEL EN LA GALLERIA
DELL'ACADEMIA
DE FLORENCIA

Una de las características más importantes de la escultura renacentista es su independencia respecto a la arquitectura, por lo que proliferará la escultura exenta. Este tipo de escultura, inspirada también en la Antigüedad clásica, basa su composición formal en la proporcionalidad. El *contrapposto* también será rescatado para otorgar naturalidad a las figuras humanas de la escultura exenta. Una de las primeras obras donde podemos retomar estos conceptos es el *DAVID* de **Donatello**, en Florencia.

Posteriormente, ya en el *Cinquecento*, destaca la obra escultórica de **Miguel Ángel Buonarroti**, con obras como la *PIEDAD*, el *DAVID* o el *MOISÉS*.

En cuanto a los materiales, se hará un uso mayoritario del mármol y, en segundo lugar, el bronce. Otros materiales utilizados con menos frecuencia serán la madera, el alabastro, el yeso y la terracota.

La temática escultórica seguirá siendo religiosa (por lo que se hace alusión a los santos y a temas bíblicos), pero también se tratan temas mitológicos, ya que el mecenas del arte ya no es solo la Iglesia, sino también la burguesía, que realiza muchos encargos artísticos.

Dentro de las tipologías escultóricas, cabe destacar el retorno del busto y del retrato ecuestre. Un claro ejemplo es *IL CONDOTTIERO GATTAMELATA* de **Donatello**.

La escultura está en la piedra, esperando a que la descubras.

MIGUEL ÁNGEL
BUONARROTI

PINTURA

La pintura del Renacimiento tiene su origen en el pintor **Giotto** que, aunque fue más cercano al estilo gótico, también quiso acercarse a un estilo más natural, más real.

Algunas de las características principales de la pintura renacentista son comunes a las de la escultura en relieve, como por ejemplo el uso de la perspectiva lineal. Asimismo, se introducirán paisajes o marcos arquitectónicos para aportar más realismo a las narraciones, como hemos visto en la Capilla Scrovegni (Padua) de **Giotto.**

En este intento de dar verosimilitud a las pinturas, se introducirá la voluntad de aportar volumen a las figuras.

Las composiciones pictóricas son harmónicas, por lo que van a aparecer obras relacionadas con la geometría triangular, muy evidente en la obra de El nacimiento de Venus de **Sandro Botticelli.**

En cuanto a la técnica, se utilizará el fresco y el temple, aunque irá evolucionando hasta el predominio del óleo, como hemos visto en el gótico.

Las temáticas van a continuar siendo religiosas, pero al igual que en la escultura aparecerán nuevos géneros, dado que la burguesía comienza a ser cliente habitual del arte. Por eso, encontramos temáticas como el retrato, las alegorías, los paisajes y los temas mitológicos.

Uno de los primeros autores considerado propiamente renacentista será el pintor florentino **Masaccio**, que en su obra La Trinidad (en la iglesia de Santa María de la Novella) fue el primero en introducir las leyes de la perspectiva matemática. Durante el *Quattrocento* se crearán obras como La Primavera de **Botticcelli** o La cámara de los esposos de **Andrea Mantegna.**

En la etapa del *Cinquecento* se consolidará la pintura al óleo en un nuevo

VISITA VIRTUAL A LA CAPILLA SIXTINA

soporte, la tela. En este contexto, cabe destacar al gran maestro **Leonardo da Vinci**, el hombre renacentista por antonomasia, que inventó la técnica del *sfumato*, con la que conseguía unos efectos lumínicos que producían la sensación de lejanía en una imagen, como podemos observar en su conocida obra *LA GIOCONDA* (o *MONNA LISA*), que se conserva en el Louvre.

Miguel Ángel Buonarroti y **Rafael Sanzio** son otros dos de los grandes artistas a destacar. Al primero el Papa le encargó pintar la CAPILLA SIXTINA, hoy en día considerada Patrimonio de la Humanidad por la UNESCO. El segundo es el autor, entre otras grandes obras, de *LA ESCUELA DE ATENAS*.

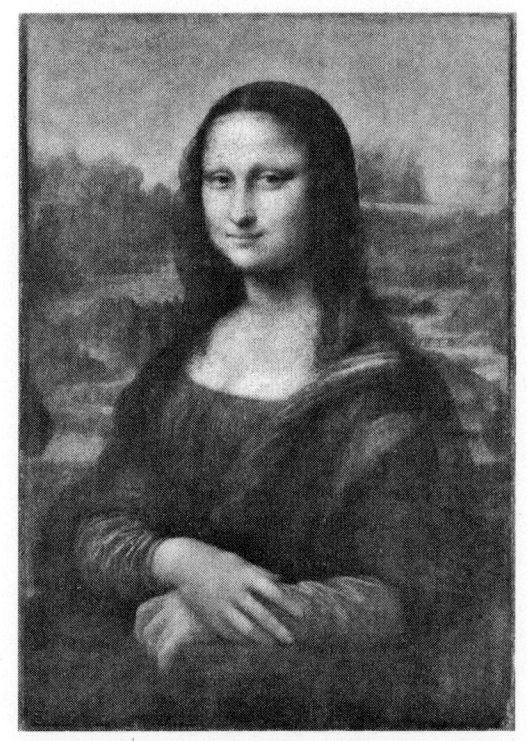

LA GIOCONDA, de Leonardo da Vinci, expuesta en el Louvre de París.

EL MANIERISMO

El Manierismo es la etapa artística que tiene lugar entre el Renacimiento y el Barroco.

Nace en la década de 1520 en el ambiente cortesano de los Médici, y cuyo origen se sitúa en las últimas obras de **Miguel Ángel** y sus discípulos. En la segunda mitad del siglo XVI se convierte en el estilo oficial del arte de la Contrarreforma.

La **arquitectura** manierista se caracteriza por la ruptura con la normativa clásica. Como resultado, el espacio cerrado y estático del siglo XV y de principios del siglo XVI empieza a abrirse para relacionarse con el exterior, aunque sin llegar aún a ser completamente dinámico. También se echa de menos una correspondencia entre forma y función, ya que algunos elementos se utilizan solo con un sentido decorativo, como por ejemplo ventanas o puertas falsas que no dan a ningún sitio, o columnas que no sostienen nada.

En cuanto a la **escultura**, se observa cómo las figuras se estiran y se retuercen sobre sí mismas. Es lo que se ha denominado *serpentinata* y que se puede observar perfectamente en obras como el RAPTO DE LAS SABINAS de **Giambologna**. Como consecuencia, las esculturas exentas deben ser contempladas desde muchos puntos de vista, es decir, se trata de obras multifaciales, ya que el espectador tiene que rodear la obra para poder admirarla y comprenderla al completo (algo imposible solo con una visión frontal). Por lo tanto, el objetivo del escultor manierista es conseguir movimiento en las figuras, en contraposición al estatismo renacentista.

De la misma manera, la **pintura** manierista también es representada con formas alargadas y en *serpentinata*. La búsqueda de lo artificial se refleja en un predominio generalizado de la línea sobre el color, con efectos escultóricos a través del juego de luces y sombras, o viceversa. El cromatismo también es rompedor, ya que los colores tienden a ser puros. Un buen ejemplo es *LA VIRGEN DEL CUELLO LARGO* de **Il Parmigianino**, en la que se observa una clara distorsión de la proporción corporal del cuello de la virgen así como del niño que sustenta en sus brazos. Además, el autor utiliza colores vibrantes y contrastados para llamar la atención del espectador, como se puede ver en el azul intenso de la túnica de la Virgen y en el manto rosa claro que resalta sobre el fondo oscuro.

EL BARROCO Y EL ROCOCÓ

El arte barroco surge a finales del siglo XVI en Italia y se extenderá por toda Europa y América durante el siglo XVII e inicios del XVIII. Al igual que los estilos anteriores, presentará peculiaridades concretas según el lugar donde se desarrolle.

Este estilo artístico se desarrolló en un contexto en el que la Contrarreforma católica, después del Concilio de Trento (1545-1563), necesita divulgar y reafirmar el triunfo del catolicismo por encima del protestantismo. Es por ello que la Iglesia católica utilizará el arte como medio de propaganda, en especial en países como España, Italia o Portugal (de corte católica).

Políticamente, asistimos a la época de los grandes monarcas absolutistas (como fue Luis XIV de Francia, el rey Sol) que buscarán en el arte barroco consolidar su posición y expresar su magnificencia, sobre todo a partir del supuesto origen divino de su poder.

Además, se debe contextualizar todo este movimiento en medio de grandes conflictos europeos, como la Guerra de los Treinta Años (1618-1648), iniciada a raíz de distintos enfrentamientos religiosos y políticos.

Se trata de una época en la que empiezan a aparecer una serie de cambios a nivel cultural e intelectual, como los grandes avances científicos (encabezados por la teoría de la gravedad de Isaac Newton) y la reafirmación de la teoría heliocéntrica (gracias a los descubrimientos de Kepler y de Galileo Galilei). Por otro lado, se inicia la filosofía moderna de la mano de René Descartes y de John Locke, caracterizada por la total autonomía de la razón respecto a la fe y por su conexión con la ciencia. Asimismo, se desarrolla el capitalismo comercial, en la que destaca una rica burguesía poderosa, sobre todo en los Países Bajos.

El siglo XVIII fue un período de cambios significativos, sobre todo por el surgimiento de la Ilustración, un movimiento intelectual que enfatizaba la razón, la ciencia y el pensamiento crítico. Filósofos como Voltaire, Jean-Jacques Rousseau, Montesquieu y Denis Diderot promovieron la idea de la libertad individual y la separación de poderes, lo que influyó en la formación de las ideas democráticas y revolucionarias que surgirían más tarde.

ARQUITECTURA

La arquitectura barroca se caracteriza por el predominio de la línea curva en contraposición a la rectitud perfecta del Renacimiento. Es por ello que se observan plantas de edificios con formas geométricas complejas como la elipse, las parábolas o las hélices. Estas plantas en movimiento tendrán como consecuencia la edificación de paredes onduladas, con las que se crean juegos lumínicos mediante el uso de las luces y las sombras. A su vez, las cubiertas se cerrarán con cúpulas (muy protagonistas), y con cuyas formas complejas se aporta luz a los espacios centrales. A ello se

 Iglesia de SAN CARLO ALLE QUATTRO FONTANE

suma el uso de soportes dinámicos como la columna salomónica o las cariátides.

Por otro lado, abundan los elementos constructivos en las fachadas e interiores: volutas y aletas, columnas onduladas (salomónicas), arcos elípticos, ovales y mixtilíneos, frontones partidos (nichos, hornacinas, ventanales de forma ovoide) y arcos de medio punto. Los elementos decorativos también son abundantes y variados: volutas, cartelas, escudos, figuras de estuco, órdenes clásicos de la arquitectura en las columnas...

Las tipologías arquitectónicas más características del Barroco son la *iglesia* y el *palacio*.

En este contexto caben destacar dos autores de referencia que van a representar las dos tendencias del barroco. Por un lado, **Gian Lorenzo Bernini** representa una corriente más clasicista, que parte de la tradición y responde a las aspiraciones de la Iglesia de transmitir su importancia histórica para justificar su prestigio político y religioso.

Francesco Borromini (discípulo de Bernini), en cambio, representa la tendencia contraria al clasicismo. Él propone un concepto de la arquitectura muy diferente, ya que entiende el edificio como una estructura unitaria, es decir, que da forma a un espacio como un todo. Así pues, las fachadas de los edificios están integradas mediante la sensación de movimiento a partir de la ondulación de las paredes, que aportan juegos lumínicos. Además, rompe con la planta tradicional hasta el momento con la creación de la planta flexible, como se puede ver en la ciudad de Roma en la iglesia de **San Carlo alle Quattro Fontane**, de **Borromini**. Además de su planta flexible, se puede observar a simple vista cómo las ondulaciones de la fachada exterior producen contrastes lumínicos.

Cabe destacar que la arquitectura del barroco francés se diferencia del italiano por ser más contenido, es decir, por

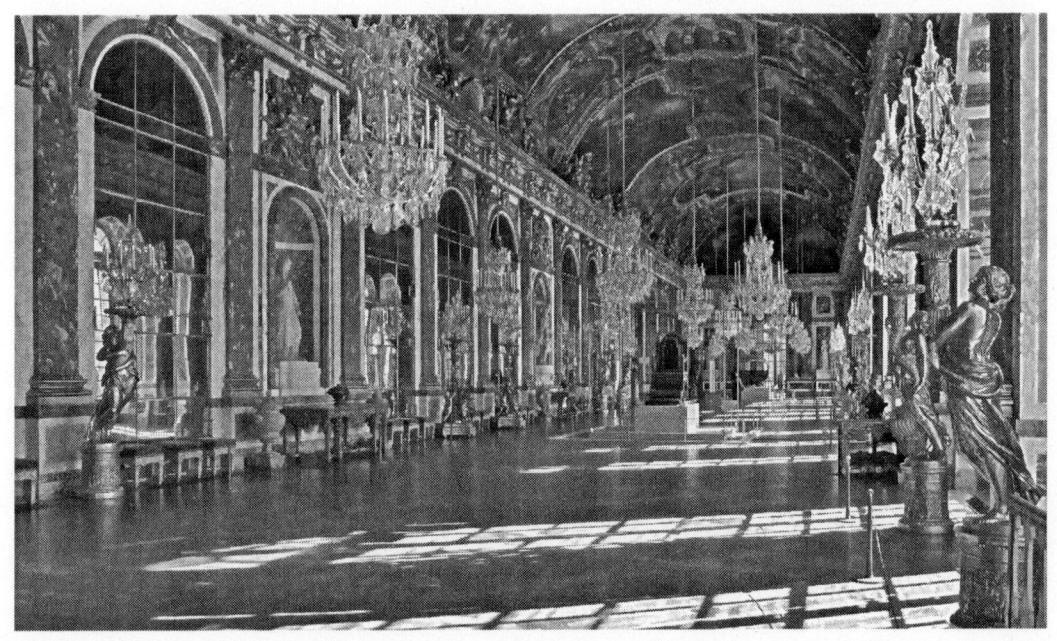

La Galería de los Espejos en el Palacio de Versalles, Francia.

diseñar plantas más sencillas (con respecto a las proporciones y los detalles de los órdenes clásicos) y renunciar a las ondulaciones de las fachadas. El máximo exponente del barroco francés es el PALACIO DE VERSALLES, en el que participaron varios arquitectos, como **Jules Hardouin-Mansart**, artífice de la Galería de los Espejos.

ESCULTURA

Tal y como hemos visto anteriormente, la escultura barroca está integrada a la propia arquitectura, por lo que vamos a poder observarla en diferentes elementos arquitectónicos como fachadas, retablos, monumentos públicos, fuentes, etc., tanto en la forma de escultura exenta como en relieve.

Los materiales utilizados en la escultura barroca van a depender de la zona donde se realice. En Italia predominará eminentemente el mármol, aunque también se trabajará con alabastro y bronce. En cambio, en España se utilizará más la madera policromada.

En cuanto a la temática, seguimos viendo obras religiosas: santos, martirios, éxtasis, alegorías... También se realizarán monumentos funerarios, así como retratos ecuestres. Los temas mitológicos también se van a utilizar, pero en este caso para poner de relieve las virtudes humanas.

Desde el punto de vista formal, la escultura barroca muestra movimiento para dar más naturalidad a la escena (ropas agitadas por el movimiento, la acción del viento en el cabello, etc.). Asimismo, la expresividad corporal y facial de los personajes es llevada al extremo, lo que provoca el retorcimiento de los cuerpos y la aparición de gestos con ojos entrecerrados y bocas abiertas.

De nuevo será **Bernini** el escultor más destacado del estilo barroco.

APOLLO Y DAFNE, en la Galleria Borghese

Influenciado por autores renacentistas como Miguel Ángel, esculpirá sus obras desde un punto de vista unifacial, de manera que lleva al espectador a observar el instante fugaz que está representando. Bernini, gran maestro de la técnica, es capaz de plasmar el efecto de movimiento con el contraste de texturas, el posicionamiento de las figuras y la representación facial, tal como podemos admirar en su obra *APOLO Y DAFNE* y en el *ÉXTASIS DE SANTA TERESA*.

PINTURA

La pintura es la manifestación artística más rica y abundante del siglo XVII. Este arte se va a caracterizar por el realismo, sobre todo a partir de la representación de imágenes alejadas de la idealización renacentista. Es por ello que se intenta plasmar el estado psicológico de los personajes mediante la plasmación de sus sentimientos.

En esta disciplina va a predominar el color sobre la línea, y se pintan los objetos tal y como se ven en la realidad, por lo que se pierden los detalles y aparece un contorno poco preciso. Otra característica a destacar es la representación del movimiento a partir de composiciones complejas, personajes en movimiento o escorzos. Por otro lado, la representación de la luz es muy importante, ya que, mediante el juego de luces y sombras, el pintor puede dar volumen a la obra e, incluso, otorgar un ambiente concreto para dar más dramatismo. Finalmente, se tiene en cuenta la representación de la profundidad, se introducen elementos como líneas convergentes, series de escorzos, juegos de luces y la plasmación de efectos atmosféricos.

La técnica más utilizada es el óleo sobre tela, aunque también el fresco para la decoración de paredes.

Los temas son muy variados y siempre están relacionados con el cliente que haga el encargo, ya sea la Iglesia católica, la burguesía (sobre todo holandesa) o reyes y nobleza. Así pues, la temática religiosa se puede encontrar de manera general en los países católicos en iglesias, conventos y cortes católicas. En cambio, en las cortes reales podemos encontrar temáticas históricas para exaltar el origen de las monarquías absolutistas, o bien mitológicas y alegóricas para relacionar las hazañas de los héroes clásicos con los reyes y la corte. Cuando las obras son encargadas por la burguesía, las temáticas son muy diferentes, ya que abundarán los retratos individuales y de grupo, y la pintura de género (paisajes, naturalezas muertas, escenas de la vida cotidiana, etc.).

Dadas las diferencias entre las tendencias estilísticas de la pintura barroca podemos clasificar estos estilos en varios grupos.

En primer lugar, el estilo *Clasicista* (que surge como respuesta a los excesos del Manierismo en Italia) es una escuela que representa una realidad idealizada en la que predominan las formas delimitadas por un dibujo muy colorido (influenciado por la pintura veneciana y con predominio de la técnica del fresco). Autores como **Annibale Carracci**, que pinta los *Frescos de la Galería Farnese*, en Roma, representan claramente este estilo.

El estilo *Naturalista,* con el mismo origen geográfico, Italia, es totalmente contrario a la corriente anterior, ya que tiene el objetivo de representar la realidad más absoluta. Por este motivo se utilizan modelos reales, del entorno más próximo, y se pintan objetos y personas vulgares. Otra de las características de este estilo son los contrastes lumínicos que consisten en dar mucha luz a algunas partes de la obra al mismo tiempo que se dejan otras zonas en penumbra. Es lo que se ha denominado *tenebrismo* y será utilizado para aportar más dramatismo a la obra. El máximo representante de esta corriente es el pintor **Michelangelo Merisi da Caravaggio**. Entre sus obras, la MUERTE DE LA VIRGEN representa perfectamente el contraste lumínico exagerado de la obra, que le da más dramatismo.

A diferencia de las anteriores, la escuela *Realista* tiene su origen en Holanda. Su máximo representante es **Rembrandt**, pintor influenciado en sus primeras obras por el Tenebrismo de Caravaggio y que fue evolucionando hacia una pincelada suelta y pastosa en la que el dibujo no tenía lugar. Una de sus grandes virtudes fue saber representar la psicología de los personajes. Entre sus obras más importantes se encuentra LA RONDA DE NOCHE. También se asocia al barroco holandés **Johannes Vermeer**, que es autor de obras como LA LECHERA. Su estilo particular se caracteriza por su habilidad para representar la luz, la textura y la atmósfera en sus pinturas. Su obra es apreciada por su sutil belleza y la capacidad para crear una sensación de serenidad en sus escenas cotidianas.

En cuanto a la escuela *Flamenca,* su máximo representante es **Pedro Pablo Rubens**. Influenciado por las representaciones humanas de Miguel Ángel y el cromatismo de Tiziano de la escuela

LAS TRES GRACIAS, en el Museo del Prado

veneciana, estableció un estilo propio del que destaca el dinamismo y la vitalidad de las figuras, las composiciones abiertas junto con las líneas diagonales y curvas, su colorido, su pincelada suelta y rápida y el predominio del desnudo femenino, como podemos observar en su conocida obra *LAS TRES GRACIAS*.

En cuanto a la pintura española destacan artistas como **Francisco de Zurbarán**, con una temática eminentemente religiosa, o **Bartolomé Esteban Murillo**, que cultivó también la pintura de género. Punto y aparte merece la extensa obra de **Diego Velázquez**, que ha sido considerado todo un maestro de la pintura universal así como uno de los máximos exponentes de la pintura española. Su obra se caracteriza por un realismo y naturalismo excepcionales, y por una maestría en el uso de la luz y la sombra que aporta profundidad y vida a sus obras. Con una pincelada suelta y espontánea, añade frescura y autenticidad a sus retratos y escenas. Una de sus obras más conocidas es *LAS MENINAS,* expuesta en el Museo del Prado, en Madrid. Se trata de un retrato de la corte real española de Felipe IV en el que el pintor tiene la habilidad de captar un instante.

EL ROCOCÓ

El rococó ha sido considerado un arte aristocrático y cortesano que se inició a principios del siglo XVIII en Francia, y que se extendió poco a poco hacia otros países, como Alemania. Este estilo artístico supondrá un cambio en el concepto de arte, que se centra en el criterio del placer.

En cuanto a la arquitectura, más que innovaciones estructurales, aportó una mayor decoración a los palacios. De hecho, el palacio se pone al servicio de la comodidad y el confort de la aristocracia. Para su construcción se utilizan materiales diferentes e incluso se hará uso del «trampantojo», es decir, de crear la ilusión de que un material es más rico de lo que es.

Durante el rococó, las artes plásticas se caracterizaron por no estar al servicio del Estado ni de la religión, sino del público aristocrático, por lo que tiende a representar su vida cotidiana: fiestas, el amor galante, la sensualidad del cuerpo femenino...

La escultura tiende a mostrar las figuras con poses curvilíneas y con un sentido de movimiento y gracia. Habitualmente, las obras estaban adornadas con detalles ornamentales y delicados, como

EL COLUMPIO,
en la Wallace
Collection

rizos, encajes y elementos florales. Los pedestales y marcos también estaban ricamente decorados. Un buen ejemplo es el *CUPIDO AMENAZANTE* de **Étienne Maurice Falconet**.

En pintura, abundan los colores claros como el azul, el verde o el rosa pastel, como podemos observar en la pintura de **Jean-Honoré Fragonard**, *EL COLUMPIO*.

Arte contemporáneo

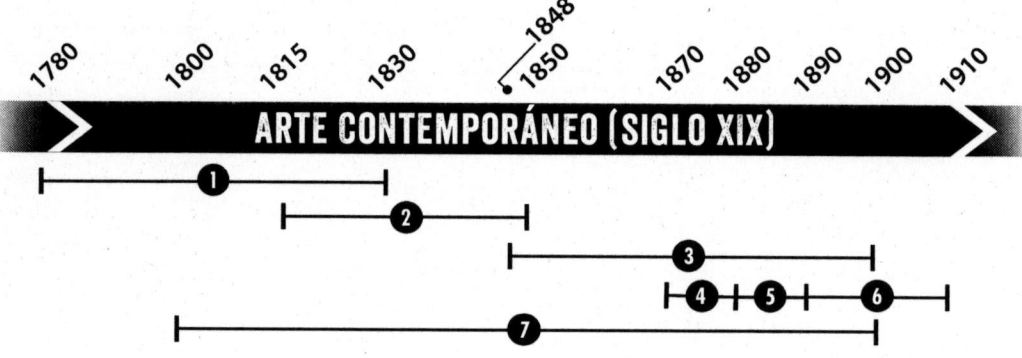

1780 1800 1815 1830 1848 1850 1870 1880 1890 1900 1910

ARTE CONTEMPORÁNEO (SIGLO XIX)

① **Neoclasicismo** 1780-1830

② **Romanticismo** 1815-1850

③ **Realismo** 1848-1900

④ **Impresionismo** 1870-1880

⑤ **Postimpresio-nismo** 1880-1890

⑥ **Modernismo** 1890-1910

⑦ **Arquitectura del Hierro** 1800-1900

SIGLO XIX

El hito histórico que marca el inicio de la Edad Contemporánea es el inicio de la Revolución Francesa (1789), como paso a una nueva época en la que se van a producir una serie de hechos que se verán reflejados en el arte.

Esta revolución dará lugar al establecimiento de ideas revolucionarias que luego se verán reproducidas en las revoluciones burguesas de 1820, 1830 y 1848, en las que la burguesía luchará contra la nobleza y la realeza, que pretenden recuperar el Antiguo Régimen, pero también se posicionará en contra de las fuerzas republicanas más extremas.

Por todo ello, los nuevos regímenes absolutistas europeos establecidos después de las revoluciones se sienten seriamente amenazados. Dichas revoluciones consiguieron sus máximas aspiraciones en algunos países, como en Francia e Inglaterra; en otros consiguieron teñir el país de nacionalismo, como en Alemania e Italia; y en otros se consiguieron frenar gracias al poder monárquico, como en España y Portugal.

A finales del siglo XVIII se inicia una nueva revolución, esta vez de cariz industrial, que aporta toda una serie de avances técnicos y de producción en serie. Como consecuencia se conforma lo que se ha denominado *sociedad de clases*, en la que se enfrentan la burguesía y la clase obrera.

Otra de las consecuencias de la Revolución Industrial es el progreso en el mundo de los transportes, lo que comporta una mejora de las comunicaciones a nivel marítimo y terrestre. Esto da lugar a la expansión colonial e imperialista en la segunda mitad del siglo XIX, cuya finalidad no es solo explotar los territorios económicamente, sino también de forma geoestratégica. Así pues, Inglaterra, Francia, Rusia y Estados Unidos se convertirán en las nuevas potencias mundiales.

A nivel cultural destaca la irrupción de la filosofía de Immanuel Kant, el positivismo de Comte o corrientes ideológicas como el marxismo, el anarquismo o el liberalismo. Junto a todo ello, cabe destacar la invención de la fotografía, que comportará una manera diferente de entender el arte, sobre todo en las artes plásticas.

EL NEOCLASICISMO

En neoclasicismo es un estilo que empieza a aparecer en la segunda mitad del siglo XVIII y que se extiende hasta principios del XIX. Se caracteriza por su interés por los ideales de las revoluciones americana y francesa (de corte republicano), así como por las teorías de la filosofía clásica y por la antigüedad grecolatina. En sus características influyen también los

IGLESIA DE LA
MADELEINE

nuevos descubrimientos arqueológicos en las excavaciones de Pompeya y Herculano, así como las publicaciones del arqueólogo e historiador Johann J. Winckelmann sobre la historia del arte de la Antigüedad.

Durante este periodo se establece el sistema academicista, bajo el que se establecen unas normas a seguir, coincidiendo así con el espíritu racionalista procedente de la Ilustración.

El Neoclasicismo será un arte que critica los excesos, principalmente del rococó. Su *arquitectura* rechaza las ornamentaciones superfluas, por lo que los arquitectos proyectan edificios basados en modelos simples de estilo griego y romano. Un buen ejemplo es la IGLESIA DE LA MADELEINE de **Pierre-Alexandre Vignon**, en París. En cuanto a la tipología, la arquitectura religiosa deja de ser la predominante para dar paso a la construcción de edificios públicos como parlamentos, bibliotecas, museos, mercados, etc.

En *escultura*, las figuras atienden al equilibrio y a la proporcionalidad propios de la estatuaria griega. La temática predominante es la mitológica y la religiosa, y los materiales, el mármol y el bronce. Dentro del género se esculpen retratos, monumentos públicos y funerarios. En el Louvre podemos observar EROS Y PSIQUE de **Canova**.

La *pintura* neoclásica va a surgir en París de la mano del pintor **Jacques-Louis David** como principal representante. Se caracteriza por la aplicación estricta de la perspectiva lineal (se si-túan a los personajes en un único plano). El dibujo predomina sobre el color, reduciéndolo a una paleta de colores puros. Se prescinde de toda decoración superflua y la temática hace constante referencia al mundo clásico: figuras desnudas, héroes, historia, mitología…, siempre con contenidos moralizadores, tal y como podemos observar en *El juramento de los Horacios* de **Jaques-Louis David**.

GOYA

Francisco de Goya y Lucientes (1746-1828) merece un apartado propio porque es imposible clasificarlo en un solo estilo artístico.

Tras varios intentos fallidos, Goya consiguió entrar en la corte como pintor. Los cambios que se van produciendo a lo largo de su vida se verán reflejados en su obra, ya que pasan de cuadros optimistas y alegres a una postura más amarga y crítica. Estos cambios pueden atribuirse, en parte, a su enfermedad, que causó la completa sordera del pintor y, por lo tanto, su profundo malestar personal. Otra causa fue el estallido de la Guerra de la Independencia en España y sus consecuencias, que llevó al pintor a plasmar un aspecto más dramático en sus obras.

Al final de su vida, se retiró solo y enfermo a la casa conocida como «La Quinta del Sordo». Sus paredes fueron decoradas con las pinturas negras como expresión de su sentimiento de soledad y tristeza. Finalmente falleció en Burdeos (Francia) en 1828.

Goya puede ser considerado un gran cronista de su época, ya que refleja hábilmente tanto al pueblo llano inmerso en sus fiestas como las tragedias de la guerra.

Una de las características más importantes de su obra es la evolución de su trazo, que pasa de un dibujo acabado y perfecto a pinceladas más sueltas. Su paleta cromática también cambia de colores alegres y llamativos al dominio del negro. Trató una gran variedad de temas, desde infantiles, populares, bélicos y taurinos, hasta retratos, entre otros.

Su producción pictórica es enorme, de hecho, pinta cartones para la Real Fábrica de tapices, temas religiosos, retratos, gravados, las Pinturas Negras y litografías. De entre toda su obra, las pinturas más relevantes son la *Maja*, *Los fusilamientos del 3 de Mayo*, *La Familia de Carlos IV* o *Saturno devorando a su hijo*.

EL ROMANTICISMO

El Romanticismo es un movimiento surgido en la primera mitad el siglo XIX que se desarrolla no solo en las artes plásticas, sino también en la literatura (Goethe, Lord Byron, Mary Shelley, Gustavo Adolfo Béquer…) o en la música (Beethoven, Schubert, Chopin…).

Sus raíces ideológicas las encontramos en la filosofía de Rousseau o en la filosofía alemana de Hegel, que dará lugar a la doctrina nacionalista.

El Romanticismo nace como contraposición a la armonía y encorsetamiento del Neoclasicismo (siempre reacio a explorar nuevos campos). Uno de los rasgos que caracterizan este movimiento es la exaltación de la libertad individual y nacional (este último aspecto llevó a los románticos a sumergirse en el historicismo para hallar las raíces del pasado común de su nación), pero también la exaltación del exotismo oriental, de lo imaginario, de lo irracional, de las aventuras y de los viajes, del riesgo y de la locura, en definitiva.

El autor romántico siente una insatisfacción perpetua que le hace buscar una razón vital, una búsqueda que dejará reflejada en sus obras.

Artísticamente, es un movimiento sobre todo pictórico, que se caracteriza por dar más importancia al color sobre la línea (al contrario que el Neoclasicismo). Otra característica es el dramatismo expresado en las composiciones, que tienden a ser complejas y con gestos violentos y escorzos. Predomina la pincelada suelta y pastosa. La temática tratada hace referencia a la actualidad del momento: revoluciones, desastres, guerras; también se representan temas históricos y paisajes. Un claro ejemplo es *LA LIBERTAD GUIANDO AL PUEBLO* de **Eugène Delacroix.**

ARQUITECTURA DEL HIERRO

En el siglo XIX, el éxito de la Revolución Industrial comportó un aumento considerable de la población, lo que a su vez creó la necesidad de nuevas infraestructuras, como redes ferroviarias, puentes, edificios industriales, etc. Para aplacar la demanda se necesitaba construir rápido y barato.

Al principio, el uso del hierro como elemento estructural se daba solo en puentes y en estaciones de tren. Pero pronto, los ingenieros empezaron a introducir nuevos materiales además del hierro, como el vidrio y el hormigón, en contraposición a los arquitectos tradicionales, considerados artistas.

El gran triunfo de la arquitectura del hierro llega con las exposiciones universales. Se trataba de ferias en las que se mostraban los avances industriales, del comercio y de las artes de los últimos años. La primera Exposición Universal se celebró en Londres, en el CRYSTAL PALACE que proyectó **Joseph Paxton**. Para la Exposición Universal de París de 1889, se construyó la archiconocida TORRE EIFFEL, de **Gustave Eiffel**, que simbolizó el triunfo de la técnica en un mundo moderno.

En este contexto cabe destacar el protagonismo de la Escuela de Chicago, ya que formará parte de las bases de la arquitectura del siglo xx. Esta escuela surge en 1871 como fruto de la necesidad de reconstruir rápidamente la ciudad de Chicago, que ese mismo año sufrió un terrible incendio que arrasó casi 10 km^2 de la ciudad. Esta urgencia provocó una alta demanda y, por tanto, el encarecimiento del suelo, por lo que

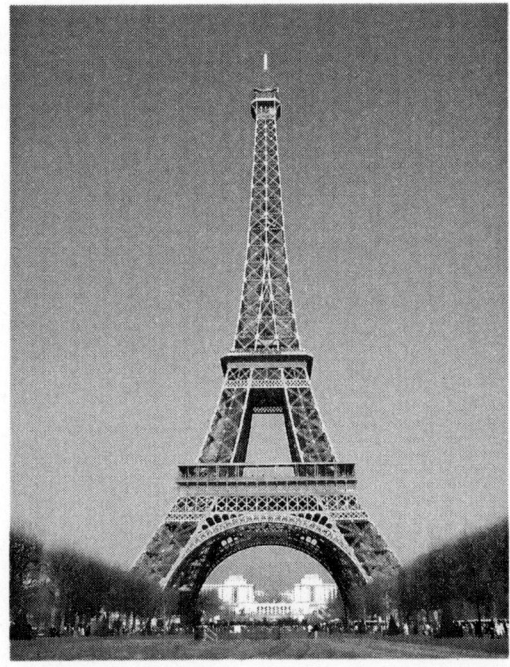

TORRE EIFFEL, en París.

fue necesario construir rápido y aprovechar al máximo el suelo.

La solución fue construir con la misma técnica que los ingenieros que proyectaban puentes y estructuras de hierro. De esta manera se levantaron los primeros rascacielos, como es el caso de los ALMACENES CARSON, proyectados por **Louis Sullivan**, y construidos con hierro, vidrio y hormigón.

EL REALISMO

El realismo es un movimiento que, al igual que el romanticismo, se dio tanto en la literatura (Charles Dickens, Emile Zola, Galdós) como en la pintura, y en menor medida en la escultura. Surgió a mediados del siglo XIX con el objetivo de representar la realidad más cotidiana y cercana al proletariado, la nueva clase social aparecida tras la Revolución Industrial. Es por ello que las temáticas representadas hacen referencia a trabajadores, entierros, la vida al aire libre o escenas del día a día.

Este movimiento, que se posiciona en contra de la idealización del neoclasicismo, se basa en el positivismo filosófico de Auguste Comte, quien (influenciado por el socialista utópico Henri de Saint-Simon) cree en las bondades de la evolución de la ciencia basadas en el empirismo para poder progresar socialmente.

En Francia destacan tres pintores. En primer lugar, **Gustave Courbet**, que quiso demostrar su rechazo al academicismo representando temas vulgares y cotidianos en gran formato, como hizo

 *EL ÁNGELUS*
de Millet

con *EL TALLER DEL PINTOR* (Musée d'Orsay, París), un cuadro que escandalizó a la sociedad de la época.

Jean-François Millet, en cambio, se centró más en la vida en el campo y en la austeridad de los campesinos. Sus composiciones son estructuradas, con una tendencia cromática muy próxima a la de la tierra y con una voluntad de representar la sencillez y el esfuerzo del trabajo en el campo, como se puede apreciar en ***EL ÁNGELUS*** (Musée d'Orsay, París).

De la misma manera, **Honoré Daumier** se erigió en símbolo del realismo pictórico francés gracias al tono reivindicativo de sus obras. Su técnica fue muy peculiar, con un predominio de la línea del dibujo sobre el color, como quedó reflejado en obras como *EL VAGÓN DE TERCERA CLASE* (Metropolitan Museum, Nueva York).

*Puse mi corazón
y mi alma en mi trabajo,
y he perdido la cabeza
en el proceso.*

Vincent van Gogh

La Casa Milà
(o La Pedrera)

EL MODERNISMO

El modernismo (denominado también *Art Noveau* o estilo 1900) se desarrolla en diferentes países europeos como Francia, España, Alemania o Austria entre 1890 y 1910. Tiene su base en el movimiento *Arts and Crafts* encabezado por William Morris, cuyo objetivo era recuperar los objetos (muebles, joyas, telas, etc.) realizados de manera artesanal en contraposición a la fabricación en serie que se había impuesto ya en el siglo xix. Por lo tanto, el modernismo (que se da sobre todo en arquitectura y en las artes aplicadas) intenta rechazar las influencias históricas para crear un movimiento que resumiera todas las artes anteriores.

En *arquitectura* busca la inspiración en las formas naturales, lo que dio lugar a la construcción de plantas libres con líneas curvas y una decoración orgánica en paredes, muebles, barandillas de balcones, etc. Los materiales utilizados para los elementos decorativos son la cerámica, el vidrio, la madera y el hierro forjado.

En este estilo destacan autores como el arquitecto belga **Victor Horta** o el español **Antonio Gaudí**. De este último es obra **La Casa Milà** (*o* La Pedrera), erigida en Barcelona.

IMPRESIONISMO

Originado en París entre 1860 y 1870, el impresionismo es un movimiento pictórico que reacciona de nuevo contra lo establecido por el academicismo.

Una de sus principales características es el trabajo de los pintores al aire libre (lejos del taller), lo que comporta una profusión de temas relacionados con los paisajes, tanto urbanos como campestres. Los pintores impresionistas estudian cómo representar la luz exterior, por ello algunos llegan a representar un mismo lugar en diferentes momentos del día y épocas del año. La pincelada es muy suelta, con manchas de color aplicadas sin un primer dibujo preparatorio.

Otra gran aportación de los impresionistas es el cromatismo. En esta época ya se había descubierto la teoría del color, es decir, la existencia de los colores primarios y de los complementarios, por tanto los pintores utilizan este conocimiento para la representación de las luces y sombras en los paisajes.

En el París de finales del siglo XIX, las obras pictóricas se tenían que presentar en el Salón de París, donde un jurado muy academicista decidía si la obra era aceptable o no. Evidentemente, este encorsetamiento causó mucho malestar entre algunos artistas, ya que les impedía salirse de las normas marcadas por la norma academicista. Pero por suerte se permitió la apertura de un salón alternativo donde podían exponer todos aquellos pintores rechazados por el Salón de París, el *Salon des Refusés* (Salón de los Rechazados).

Uno de los artistas que expusieron en el *Salon des Refusés* fue **Édouard Manet**, un pintor que, aunque seguidor de la corriente realista, es considerado el

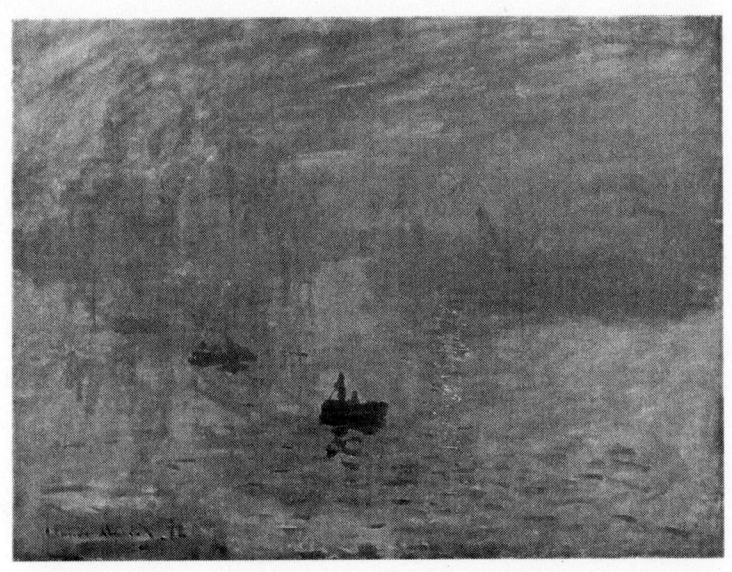

IMPRESIÓN, SOL NACIENTE, de Claude Monet

precursor de los impresionistas, ya que, sin pretenderlo, provocó el inicio de este movimiento gracias a la exposición de *LE DÉJEUNER SUR L'HERBE* en 1863, un cuadro que provocó un gran escándalo por la aparición de una mujer desnuda (sin que tuviera una explicación mitológica). Manet también fue fuertemente criticado por la técnica utilizada en dicho cuadro:

colores puros que dieron lugar a una pintura plana, es decir, sin volumen.

Muy lejos de llegar a ser comprendidos, los artistas que exponían en el *Salon des Refusés* crearon la Sociedad Anónima de Pintores, Escultores y Grabadores en 1873. En la primavera del año siguiente se realizó la primera exposición, en la que el cuadro *IMPRESIÓN,*

Sol naciente de **Claude Monet** despertó todo tipo de controversias entre los críticos. Tal fue así que el título de esta obra dará nombre a este incipiente movimiento artístico: el impresionismo.

De entre los pintores impresionistas destaca **Pierre Auguste-Renoir**, considerado como uno de los más puros. Renoir estudia la representación de la figura humana, en concreto la sensualidad del cuerpo femenino, y le interesa enormemente el estudio de la luz filtrada a través de las hojas de los árboles o de las telas. Una de sus obras más importantes es *Baile en le Moulin de la Galette*.

Otros pintores destacados son **Edgar Degas**, un artista que muestra interés por el movimiento de la figura humana y su contorsión, por lo que se centra en pintar bailarinas y espectáculos nocturnos, como por ejemplo *La clase de ballet*; **Camille Pissarro**, el pintor que más se acerca a la naturaleza y que captura la luz de los árboles, de los caminos y los tejados, como reflejó en *Otoño*; y **Alfred Sisley**, destacado paisajista rural que siempre pintaba lugares que conocía muy bien (además, fue de los pocos que llegó a introducir elementos como el agua, la nieve o la niebla en sus pinturas, como en *La nieve en Louveciennes*).

Finalmente, desde 1887 hasta 1890, el impresionismo empezó a ser admitido y a partir de 1890 y hasta principios del siglo xx empezó, incluso, a tener éxito comercial.

POSTIMPRESIONISMO

A finales del siglo XIX, algunos pintores impresionistas se empezaron a distanciar de este movimiento para experimentar con nuevas técnicas, lo que dio lugar al postimpresionismo.

Esta nueva tendencia se caracterizó por la experimentación extrema con el color y la luz. En cuanto a la pincelada, seguía siendo suelta, pero algunos autores como **Georges-Pierre Seurat** llevaron la técnica más allá. Por ejemplo, este autor desarrolló el puntillismo, una técnica que consiste en aplicar pequeñas pinceladas de colores puros para crear una mezcla óptica en la mente del espectador. Se puede observar en su obra *TARDE DE DOMINGO EN LA ISLA DE LA GRANDE JATTE*, en la que se representa, con todo tipo de detalles, a diferentes grupos de personas disfrutando de un día en un parque parisino, al lado del río Sena.

Paul Cézanne también se alejó de la captación rápida de la sensación visual (propia del impresionismo), para acercarse a una nueva reflexión sobre la reelaboración de la realidad, lo que no significaba imitarla. Para ello retomó de maestros clásicos (como Poussin) el equilibrio compositivo, el volumen y la profundidad, pero sin volver a los convencionalismos académicos. Cézanne logró su objetivo solo con tres recursos: el color, la geometría y el dibujo incorrecto. Es decir, creó formas geométricas elementales a partir de las cuales trazaba las formas que componían el cuadro. Cabe destacar que Cézanne concibió el cuadrado como una unidad estructural prioritaria en sus obras, lo que influirá en el Cubismo que tendrá lugar en el siglo XX. Esto se puede observar en su obra *LOS JUGADORES*

TERRAZA DE CAFÉ POR LA NOCHE, de Van Gogh, en el Museo Kröller Müller

DE CARTAS, en la que se representa a dos hombres jugando a naipes y cuya composición se basa en formas geométricas rectangulares y cuadradas de los personajes y los objetos. Otro aspecto a destacar de la obra de Cézanne es el volumen, que logra gracias a las sombras que consigue a partir de simples contrastes de colores.

Uno de los pintores postimpresionistas más conocidos fue **Vincent van Gogh**, ya que para él el color es el auténtico elemento para conseguir la expresión de la escena. Para ello recurrió al color puro de los impresionistas, que aplicaba con pinceladas aisladas, pero también al contorno muy marcado. De este modo consiguió transmitir la angustia, la tristeza y la soledad que padeció durante su corta vida y que le llevaron a fijarse en todo lo cotidiano, como se puede apreciar en obras como *LA NOCHE ESTRELLADA, LOS GIRASOLES* o ***TERRAZA DE CAFÉ POR LA NOCHE***.

Para **Paul Gauguin** el concepto de arte era la representación del sentimiento profundo del hombre. Dada su actitud viajera, recibió influencias del arte japonés, del egipcio, del indio y también del de pueblos indígenas de América, así como de la pintura italiana del *Cinquecento* y de las vidrieras del arte gótico. A Gauguin le gustaba buscar la máxima simplicidad, utilizando la línea para los contornos, grandes manchas de fuertes colores y el espacio plano, como se puede observar en *PECHOS CON FLORES ROJAS*. Se trata de una pintura en la que se representan dos mujeres tahitianas con unas flores rojas que, junto con otros colores vibrantes y elementos simbólicos (como la representación de la cultura tahitiana, la naturaleza exuberante y el exotismo), forman parte de esta búsqueda artística de un paraíso primitivo. Gauguin también será todo un inspirador para el futuro Fauvismo.

Otro de los pintores postimpresionistas es **Henri de Toulouse-Lautrec**, que sobresale por sus ilustraciones y el nuevo arte del cartel publicitario. En este sentido, uno de sus trabajos más populares fue *Moulin Rouge: La Goulue*, una bella litografía en color.

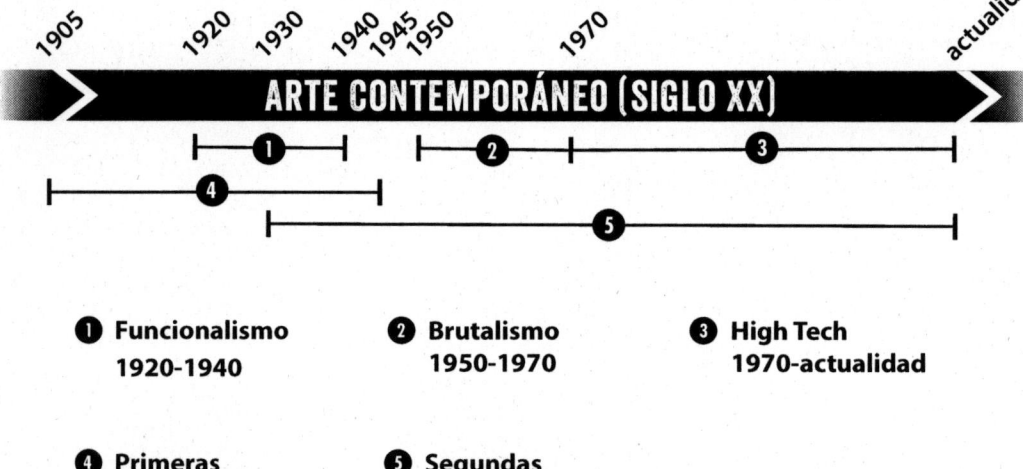

1905 1920 1930 1940 1945 1950 1970 **actualidad**

ARTE CONTEMPORÁNEO (SIGLO XX)

1 Funcionalismo
1920-1940

2 Brutalismo
1950-1970

3 High Tech
1970-actualidad

4 Primeras
Vanguardias
1905-1945

5 Segundas
Vanguardias
1930-actualidad

SIGLO XX

El siglo XX se caracteriza por una sucesión de cambios profundos a la vez que rápidos. Desde el punto de vista político, los hechos que más consecuencias tuvieron fueron la Primera Guerra Mundial (1914-1918), en la que se enfrentaron diversos países europeos y Estados Unidos; la Revolución Rusa, que dará lugar al socialismo y al comunismo; la aparición de los sistemas de gobierno totalitarios, como el fascismo y el nazismo, que desembocarán en la Segunda Guerra Mundial (1939-1945); y la aparición, tras la guerra, de una nueva organización política organizada en dos bloques: el capitalista y el comunista. De este modo, a la Segunda Guerra Mundial le siguió otro enfrentamiento llamado Guerra Fría (1945-1959), caracterizada por una tensión constante entre los dos bloques que controlaban el mundo (Estados Unidos como líder del mundo capitalista, y la Unión Soviética como líder del comunismo) y que, en algunos momentos, está cerca de llegar al enfrentamiento, sobre todo con acontecimientos como la Guerra de Corea (1950-1953).

A nivel tecnológico y científico, se inventa el motor de explosión; se desarrollan los medios de transporte, como la aviación; y también los medios de comunicación, como el teléfono, la radio, el cine y la televisión. Por otra parte, Einstein publica la Teoría de la Relatividad, esencial en el devenir del siglo xx.

A nivel económico y social, se produce la crisis del sistema capitalista en 1929 (crack bursátil) y se acelera la industrialización, lo que lleva a la mecanización del campo y el descenso de trabajo, lo que, a su vez, provoca grandes migraciones hacia las ciudades para trabajar en las fábricas.

Finalmente, a nivel ideológico cabe destacar el psicoanálisis de Freud, la filosofía de Nietzsche o la novela moderna de Marcel Proust y de James Joyce.

ARQUITECTURA

A principios del siglo xx y gracias a las aportaciones del arquitecto **Louis Sullivan**, de la Escuela de Chicago, se origina el *funcionalismo*, también denominado *racionalismo*. Se trata de una arquitectura que se caracteriza por la ausencia de decoración (ya que se basa en la practicidad de la construcción y se deja la estética en un segundo lugar), y que juega con los contrastes de materiales y con las líneas verticales y horizontales. En definitiva, se basa en la distribución racional del espacio para conseguir su funcionalidad, lejos de cualquier decoración superflua.

En 1919, en Alemania se funda la Escuela Bauhaus, en la que destacarán grandes arquitectos como **Walter Gropius** o **Ludwig Mies Van der Rohe**. Una de las primeras obras que diseña este último junto a **Lilly Reich** fue el **Pabellón Alemán** en la Exposición Internacional de Barcelona de 1929, que se caracterizó por disponer de una planta libre y un flujo espacial

 Pabellón alemán, de Mies Van der Rohe

 Casa Kauffman

continuo, por eliminar la necesidad de paredes estructurales internas y crear así un ambiente abierto y fluido en el interior, lo que fue un cambio revolucionario para la época.

Por su parte, el franco-suizo **Le Corbusier** destaca como el arquitecto que logra establecer los principios básicos en la arquitectura funcionalista en la vivienda unifamiliar, como se puede observar en la Villa Savoye. Se trata de una casa de planta libre elevada sobre *pilotis* (pilares muy delgados), que daban lugar a espacios muy amplios dentro de la vivienda. La villa disponía de grandes ventanales y de una terraza o jardín en el tejado. Estéticamente, eran espacios muy armónicos.

A partir del Funcionalismo, el arquitecto estadounidense **Frank Lloyd Wright** da un paso más allá y crea lo que se ha denominado *organicismo*. Wright intenta alejarse de la frialdad del funcionalismo proponiendo una arquitectura funcional pero integrada en su contexto natural y orgánico. Su idea es llevada a cabo en la Casa Kaufmann (o de La Cascada). Como su nombre indica, está asentada sobre una cascada y parece emerger de la roca, integrándose perfectamente con la naturaleza circundante. Se compone de una planta abierta que se conecta con la naturaleza a través de grandes ventanales y terrazas, que permiten vistas panorámicas y una abundante luz natural.

Hacia la segunda mitad de siglo xx, entre los arquitectos comienza a darse una tendencia a separarse de postulados rígidos, lo que dio lugar al descubrimiento de nuevas técnicas constructivas.

Siguiendo los principios del funcionalismo, Le Corbusier construye en Francia La unidad de habitación de Marsella (en la ciudad homónima) y la capilla de Notre Dame du Haut (en Ronchamp), ambos con un aspecto en común: el uso del hormigón visto (hormigón en bruto, como él lo definía), de aquí que este nuevo movimiento se denominara *brutalismo*.

Entre las décadas de 1950 y 1960 despuntan varios arquitectos de herencia organicista. El más importante es el arquitecto finlandés **Alvar Aalto**, en cuyas obras funde modernidad y tradición,

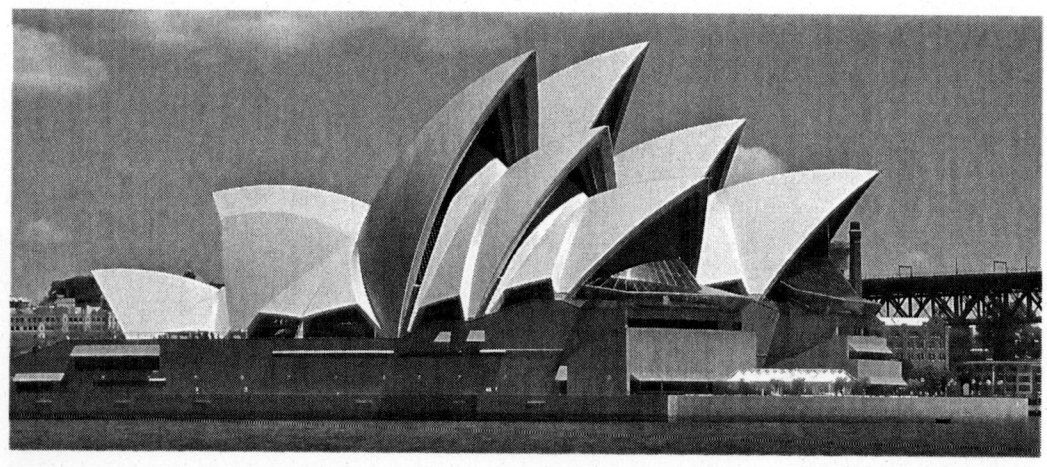

Ópera de Sídney, de Jorn Utzon.

 **Centro Nacional de Arte y Cultura Georges Pompidou**

puesto que unifica planteamientos funcionalistas con características regionales. Un buen ejemplo es la Villa Mairea, donde, además de utilizar el hormigón, el hierro y el vidrio, incorpora materiales locales como la madera y el ladrillo.

La influencia de la obra de Alvar Aalto es evidente en la construcción de la Ópera de Sídney por **Jorn Utzon**, cuya estructura en forma de velas o tiendas de campaña busca entrar en armonía con el medio natural colindante, el mar.

En la década de 1960 tiene lugar un movimiento denominado *arquitectura postmodernista*, que reivindica el retorno a la arquitectura historicista y al eclecticismo. Un ejemplo claro lo encontramos en **Aldo Rossi**, que defendía que toda arquitectura del pasado se podía adaptar a las necesidades del presente alterando su uso y su forma, como hizo en el Teatro del Mundo. Se trata de una estructura construida sobre una plataforma flotante de acero y madera en forma de teatro circular en homenaje a la tradición teatral veneciana.

Paralelamente al movimiento postmoderno se desarrollaron durante las décadas de 1980 y 1990 dos corrientes arquitectónicas. En primer lugar, el *high tech*, que valoraba por encima de todo la exhibición de componentes tecnológicos del edificio, tal como se puede observar en el Centro Pompidou (**Centro Nacional de Arte y Cultura Georges Pompidou**) de París, proyectado por **Renzo Piano** y **Richard**

147

Rogers. El edificio muestra claramente su estructura externa, exhibiendo tuberías, conductos y escaleras mecánicas en colores primarios llamativos, como el rojo, el azul y el amarillo.

Por otra parte, el *deconstructivismo* será el último movimiento propiamente del siglo xx, que busca explorar la fragmentación, la complejidad y la ambigüedad en la arquitectura. Su característica principal es la ruptura con la geometría ortogonal y la simetría, optando por formas asimétricas, ángulos inclinados y estructuras fragmentadas que a menudo crean una sensación de caos controlado.

Un ejemplo es el Museo Guggenheim de Bilbao, obra de **Frank Gehry.**

ARTES PLÁSTICAS

A principios del siglo xx se produce una transformación del concepto de arte que da lugar a lo que se ha denominado *vanguardias*. Se trata de grupos de artistas que buscan la innovación y la modernidad rompiendo constantemente con lo establecido como forma de protesta contra un mundo cambiante.

Estos movimientos se clasifican en dos grupos: Primeras Vanguardias y Segundas Vanguardias

PRIMERAS VANGUARDIAS (1905-1945)

El *fauvismo* es el primer movimiento artístico perteneciente a las vanguardias. Se originó durante la exposición del Salón de Otoño de 1905, en París. El artista fauvista utiliza el color (por encima de la forma) y los contrastes a partir de la teoría del color, incluso pintando con colores que no corresponden a la realidad. También le gusta pintar con una pincelada gruesa y pastosa para dar expresividad a las obras. Un ejemplo claro es *LA RAYA VERDE* de **Henri Matisse**, obra en la que se muestra una figura femenina en un entorno abstracto y exuberante, donde los colores son utilizados de manera expresiva para transmitir emociones y sensaciones en lugar de reflejar una representación realista.

Tras el Fauvismo enseguida surge el *expresionismo*, como protesta hacia la situación sociopolítica que se vivía antes del estallido de la Primera Guerra Mundial. Este movimiento se gesta a partir de la filosofía nihilista de Friedrich Nietzsche, la vigorosidad de Van Gogh y la angustia vital de Edvard Munch. El autor expresionista, por tanto, quiere mostrar la angustia, el terror y la miseria deformando la realidad visual remarcando la expresividad, como se puede observar en la conocida obra *EL GRITO*, de **Munch**. En el cuadro se representa a una persona en un momento de ataque de pánico, y donde todo lo que rodea al protagonista queda nublado o distorsionado, como forma de mostrar la angustia del momento.

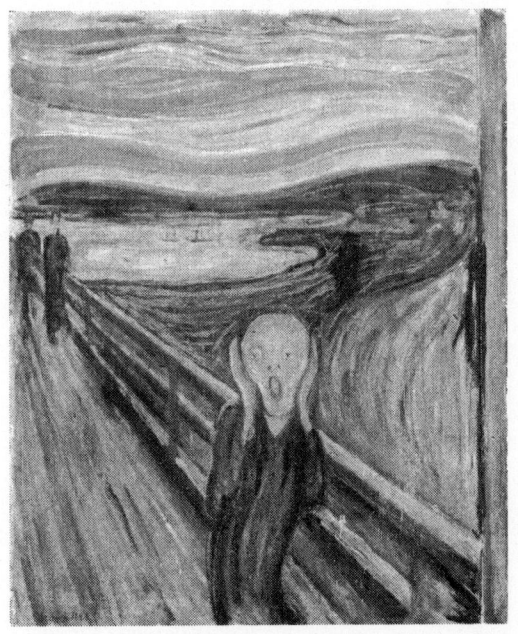

EL GRITO, de **Munch**.

El *cubismo* (1907-1914), en cambio, es un movimiento que pretende conseguir la fragmentación geométrica del espacio para conseguir la visión simultánea de un objeto desde diferentes puntos de vista. Es decir, busca representar la tridimensionalidad en el plano bidimensional. Pintores como **Georges Braque** o **Pablo Picasso** (en su obra LAS SEÑORITAS DE AVIGNON) inspiran este movimiento. Dos de los autores cubistas más destacados fueron el pintor **Juan Gris** y el escultor **Pablo Gargallo**.

A partir de un manifiesto escrito por Marinetti en 1909, en Italia surge el *futurismo*. Este movimiento busca romper con el pasado exaltando el poder de la tecnología, de las máquinas y de la modernidad. Se basa en la captación del movimiento para aportar dinamismo a las obras, como se puede ver en la escultura FORMAS ÚNICAS DE CONTINUIDAD EN EL ESPACIO, de **Umberto Boccioni**.

El *dadaísmo*, por su parte, se origina durante la Primera Guerra Mundial. En 1916, una serie de artistas, huyendo del conflicto bélico, se refugian en Suiza (declarada neutral) y se encuentran en el Cabaret Voltaire, en Zúrich. La propuesta de tal movimiento cultural fue de Hugo Ball, al que posteriormente se unió **Tristan Tzara**, que se convirtió en el emblema del dadaísmo. Las obras dadaístas tienen como objetivo provocar la reacción en el espectador para conseguir el cuestionamiento del arte. De esta manera querían expresar lo ilógico del conflicto bélico del momento y el desencanto de la autodestrucción del ser humano. Uno de los artistas más destacados fue **Marcel Duchamp**, con obras como LA FUENTE: se trata de un urinario de cerámica invertido, que refleja la idea implícita de que una obra es más importante que su ejecución técnica.

Por su parte, el movimiento *abstracto* también aporta una gran revolución artística ya que parte del rechazo del arte como imitación de la realidad. El origen lo encontramos en el pintor **Vasili Vasílievich Kandinsky**, cuyo objetivo es influir en el alma del espectador a través de la armonía entre la forma y el color, sin figuras ni paisajes, como es el caso de su obra *COMPOSICIÓN VII*.

De aquí surgirán diferentes corrientes abstractas como son el *constructivismo* (que se apoya en la simplicidad, las formas geométricas, los colores fuertes y las líneas puras), el *suprematismo* (que tiende a la simplificación compositiva y a la geometrización radical de las formas) y el *neoplasticismo* (que se interesa por la geometrización del espacio y por la aplicación de los colores primarios y neutros). De esta última corriente, caracterizada por eliminar lo superfluo y dejar solo la estructura, destaca el neerlandés **Piet Mondrian**, con obras como *COMPOSICIÓN II*.

En 1924, el poeta André Breton publica el *Manifiesto Surrealista*, muy influenciado por las teorías oníricas de Freud (y la asociación libre de ideas como técnica del psicoanálisis), el automatismo y el dadaísmo. Del *surrealismo* surgen dos corrientes. Por un lado, el automatismo pictórico que se basa en la representación de los símbolos del inconsciente, como se puede observar en la obra de **Joan Miró**, por ejemplo, en *EL CARNAVAL DEL HARLEQUÍN*. La otra corriente surrealista es la onírica, que se basa en la representación figurativa para recrear asociaciones inconscientes hechas en los sueños. Su principal representante lo encontramos en el pintor **Salvador Dalí**, con obras como *LA PERSISTENCIA DE LA MEMORIA*, en la que se representa un paisaje onírico con unos relojes derretidos, símbolo de la distorsión y la relatividad del tiempo en los sueños.

SEGUNDAS VANGUARDIAS (1930-ACTUALIDAD)

A partir del final de la Segunda Guerra Mundial aparecen varios artistas que quieren romper de nuevo con el arte preestablecido y buscar nuevas formas de expresión.

El primer movimiento que aparece dentro de este segundo grupo de vanguardias es el *expresionismo abstracto* (o el *informalismo*), que renuncia a la racionalidad compositiva y busca el automatismo espontáneo. La técnica pictórica que se utiliza es el *action painting,* que consiste en dejar gotear la pintura sobre el lienzo (*dripping*), cuando no salpicarlo o tirar directamente la pintura sobre él. El mejor representante de esta técnica es **Jackson Pollock**, que la aplicó en obras como *Número 1.*

Entre las décadas de 1950 y 1970 se desarrolla el *pop art* (o *Arte pop*), un movimiento con un marcado carácter figurativo que se inspira en el consumo de masas para hallar una perspectiva irónica del mundo en el que se vive. La aplicación del color en las obras de pop art es plano, con pocos matices y se tiende a utilizar la serigrafía como técnica de reproducción en serie (sin duda para incidir en el aspecto consumista del arte). Son conocidas en este contexto las *Latas de sopa Campbell* de **Andy Warhol.**

A partir de la recuperación del arte figurativo surge el *hiperrealismo*, que tiene como objetivo acercarse tanto a la realidad que el espectador no sepa si se trata de una fotografía o de una pintura. También se crean esculturas que representan figuras humanas en actitudes cotidianas, como en la obra *Mujer en el supermercado,* de **Duane Hanson.**

El *arte cinético* (o Op Art, arte óptico) se desarrolló en la década de 1960 y se caracteriza por la creación de ilusiones ópticas y efectos visuales que desafían la percepción del espectador. Este estilo artístico se basa en la idea de que los elementos visuales pueden utilizarse para crear una experiencia visual dinámica y emocionante.

La repetición y la disposición regular de elementos visuales son comunes en el Op Art. Estos patrones repetitivos a menudo parecen vibrar, ondular o moverse cuando se observan, lo que añade una dimensión de dinamismo a las obras. La interacción del espectador también es fundamental, ya que los efectos visuales pueden variar según la distancia desde la que se observe la obra o la dirección desde la que se mire. Uno de los artistas más destacados es **Victor Vasarely** con obras como *Vega 200*.

A finales de la década de 1960 se crean las primeras obras pertenecientes al *arte conceptual*, que surge en contraposición al arte figurativo de los últimos tiempos. Se basa en la idea de que una obra de arte no es el hecho material en sí, sino el concepto de lo que representa. Destaca el autor **Joseph Kosuth** con obras como *Una y tres sillas*, en la que el autor desafía la noción tradicional de arte y elabora su obra a partir de tres elementos: una silla real, una fotografía de la silla y un texto descriptivo. Kosuth cuestiona qué es lo que hace que un objeto cotidiano sea arte, y destaca que el valor artístico reside en la idea y el concepto más que en la forma física.

La belleza perece en la vida, pero es inmortal en el arte.

LEONARDO DA VINCI

CUADROS RESUMEN DE LOS ASPECTOS MÁS RELEVANTES DEL ARTE

Técnicas escultóricas y su tipología

Técnica	Descripción	Tipología de escultura
Cincelado o talla	El escultor utiliza cinceles y martillos para tallar la forma de una pieza de piedra, mármol o madera.	Escultura en bulto redondo o relieve
Modelado	Se utiliza arcilla u otro material maleable para crear una forma esculpida, que luego puede endurecerse.	Escultura en bulto redondo o relieve
Fundición o cera perdida	El escultor crea un modelo en arcilla o cera y luego lo cubre con un material fundible, como bronce o hierro.	Escultura en bulto redondo o relieve
Soldadura	Se utilizan piezas de metal, como hierro o acero, que se sueldan juntas para formar la escultura.	Escultura en bulto redondo o escultura cinética
Ensamblaje	Se ensamblan diferentes partes o elementos para crear una obra de arte tridimensional.	Escultura en bulto redondo o escultura cinética

Técnicas, soportes y materiales en la pintura

Técnica	Soportes	Materiales
Óleo	Lienzo, tabla, papel	Pinturas al óleo, pinceles, paleta, solventes
Acuarela	Papel acuarela, cartulina	Acuarelas, pinceles, agua
Acrílico	Lienzo, papel, madera	Pinturas acrílicas, pinceles, paleta, agua
Pintura al fresco	Paredes, techos	Pigmentos frescos, yeso, agua
Técnica mixta	Variados	Combinación de materiales, como óleo y acrílico
Gouache	Papel acuarela, cartulina	*Gouache*, pinceles, agua
Pastel	Papel, cartulina, lienzo	Pasteles, difuminadores, fijativos
Temple	Tabla, lienzo, papel	Temple, pinceles, pigmentos, agua
Aerografía	Papel, lienzo, metal	Aerógrafo, compresor, pintura aerográfica
Collage	Papel, lienzo	Recortes, pegamento, soporte

Diferencias entre el arte románico y el gótico

	Arte románico	Arte gótico
Período	Siglos XI al XIII	Siglos XII al XVI
Arquitectura	Construcciones macizas, muros gruesos, arcos de medio punto	Construcciones más esbeltas, uso de arcos apuntados, bóvedas de crucería
Altura de los edificios	Edificios bajos y compactos	Edificios altos y esbeltos, con grandes vitrales y paredes más delgadas
Ventanas	Ventanas pequeñas y estrechas, a menudo con detalles ornamentales	Ventanas grandes y decorativas, vitrales con escenas religiosas
Bóvedas	Bóvedas de cañón y bóvedas de arista	Bóvedas de crucería y bóvedas de ojivas
Arcos	De medio punto	Apuntados u ojivales
Decoración	Decoración escultórica en forma de relieves en capiteles y tímpanos	Decoración escultórica detallada en portales y paredes, uso de estatuas y gárgolas
Temas	Temas religiosos, figuras estilizadas y geométricas	Mayor énfasis en lo divino y lo espiritual, escenas bíblicas detalladas
Uso de color	Colores terrosos y sobrios	Colores vibrantes y ricos en decoración, vitrales policromados
Relieves	Esculturas en capiteles y tímpanos de iglesias	Esculturas monumentales en las fachadas, con detalles realistas

Diferencias entre el arte del Renacimiento y el Barroco

	Arte del Renacimiento	Arte del Barroco
Período	Siglos XIV al XVII	Siglos XVII al XVIII
Arquitectura	Arquitectura con proporciones clásicas y fachadas ordenadas	Arquitectura elaborada, uso de elementos decorativos, como columnas salomónicas
Escultura	Esculturas idealizadas y con mayor detalle anatómico	Esculturas más dramáticas y expresivas
Composición	Composiciones equilibradas y simétricas	Composiciones dinámicas y asimétricas
Perspectiva	Uso de la perspectiva lineal para crear profundidad	Uso de la perspectiva aérea y diagonal
Colores	Paleta de colores más naturalista	Uso de colores intensos y contrastados
Luz y sombra	Aplicación del claroscuro, juego de luces y sombras	Uso dramático de luces y sombras
Temas	Predominio de temas clásicos, mitología y religión	Diversidad de temas, incluyendo naturaleza muerta, retratos y temas religiosos
Realismo	Búsqueda de un realismo naturalista	Realismo a menudo exagerado y dramático
Arquitectura	Arquitectura con proporciones clásicas y fachadas ordenadas	Arquitectura elaborada, uso de elementos decorativos, como columnas salomónicas
Escultura	Esculturas idealizadas y con mayor detalle anatómico	Esculturas más dramáticas y expresivas

VOCABULARIO

Ábside: parte semicircular o poligonal de una iglesia o edificio, a menudo adornada con frescos o mosaicos y utilizada para albergar el altar mayor.

Acanto: motivo decorativo común en la arquitectura y el arte, caracterizado por hojas de acanto estilizadas.

Acrópolis: colina o elevación natural en una ciudad antigua que a menudo albergaba templos y edificios importantes.

Ágora: En la Antigua Grecia, un espacio público utilizado como mercado y lugar de reunión cívica.

Aguja: estructura alta y delgada, a menudo en forma de torre o pináculo, que se encuentra en la parte superior de algunos edificios, como iglesias y catedrales.

Alcazaba: fortaleza o castillo, típicamente de origen musulmán, que se encuentra en áreas de influencia árabe.

Alcázar: palacio o castillo, a menudo de origen medieval, que puede servir como residencia real o fortaleza.

Alegoría: representación simbólica de conceptos abstractos o ideas a través de elementos concretos o personajes en la literatura, el arte u otras formas de expresión.

Antropomorfo: que tiene forma humana o características humanas.

Arabesco: motivo decorativo geométrico o floral que se encuentra comúnmente en el arte islámico.

Arco: estructura curva que soporta peso y se utiliza para crear aberturas en edificios.

Ataurique: motivo decorativo en el arte islámico que consiste en patrones geométricos y florales intrincados.

Atrio: espacio abierto o patio en la entrada de un edificio religioso.

Basílica: tipo de edificio de planta rectangular utilizado en la Antigua Roma y más tarde en la arquitectura cristiana para fines judiciales o religiosos.

Bóveda: estructura curva utilizada para cubrir un espacio.

Bucráneo: representación de un cráneo de buey, a menudo utilizado como motivo decorativo en la arquitectura clásica.

Canon: conjunto de reglas que regulan las proporciones de la escultura o de la arquitectura según un modelo ideal establecido.

Capitel: parte superior de una columna o pilar que actúa como soporte para la estructura que se encuentra encima.

Capitel tronco piramidal: la parte superior de una columna o pilar que tiene una forma que se asemeja a un tronco de pirámide con una base cuadrada o rectangular.

Cávea: en un teatro o anfiteatro, la sección de asientos escalonados donde se sienta el público.

Cera perdida: método para obtener esculturas de metal mediante un molde de cera. Este molde se cubría de un material blando que se solidificaba, como podía ser el barro. Una vez que se introducía en el horno, la cera se fundía y salía por unos orificios que se habían hecho anteriormente en la capa de barro. En el lugar que ocupaba la cera, se introducía el metal fundido, que acababa adoptando la forma del molde de cera inicial.

Cimborrio: torre o estructura abovedada que se encuentra sobre la intersección de las naves en una iglesia o catedral.

Claristorio: la parte de una iglesia que contiene ventanas altas, y que permite la entrada de luz natural.

Claroscuro: efecto artístico que utiliza contrastes fuertes entre luces y sombras para crear una sensación tridimensional y dramática en una obra de arte.

Columna: pilar vertical de base cilíndrica que se utiliza en arquitectura para soportar una estructura.

Columna salomónica: tipo de columna con un fuste espiral o retorcido, a menudo utilizada en la arquitectura barroca.

Contrafuerte: soporte estructural, a menudo externo, que se utiliza para reforzar una pared o un edificio.

Contrapposto: posición del cuerpo humano (sobre todo en la escultura) que presenta un equilibrio asimétrico de peso y movimiento, lo que crea una sensación de naturalidad y dinamismo en la figura.

Cornisa: proyección en la parte superior de un edificio que se utiliza como elemento decorativo o para proteger la estructura de la intemperie.

Cripta: espacio subterráneo o semienterrado, a menudo en una iglesia, utilizado para entierros o como lugar de culto.

Crucero: parte de una iglesia donde se cruzan la nave principal y el transepto, a menudo marcada por una cúpula o cimborrio.

Deambulatorio: pasillo o corredor que rodea una capilla o altar en una iglesia, a menudo utilizado para la circulación de los fieles.

Dintel: pieza horizontal que sostiene una construcción sobre dos apoyos verticales, como las que se ponen sobre las puertas y ventanas, generalmente de madera, piedra o metal.

Divisionismo: estilo de pintura que utiliza pequeños puntos o pinceladas de color puro para crear una imagen cuando se ve desde la distancia.

Eclecticismo: enfoque artístico o arquitectónico que combina elementos de diferentes estilos, épocas o influencias para crear una obra o diseño único.

Entablamiento: En arquitectura clásica, una sección horizontal que consta de arquitrabe, friso y cornisa que se encuentra sobre las columnas o pilares.

Estoa (o *stoa*): pórtico o pasillo cubierto con columnas, típicamente utilizado en la arquitectura griega y romana como lugar de reunión o comercio.

Exenta: escultura independiente que se encuentra en un espacio abierto, en lugar de estar incorporada en una estructura.

Friso: banda decorativa horizontal que se encuentra en la parte superior de un entablamento o en una pared, a menudo ornamentada con esculturas o relieves.

Frontón: elemento arquitectónico triangular o semicircular que se encuentra en la parte superior de un edificio o estructura, a menudo decorado con esculturas o relieves.

Gárgola: figura escultórica con forma de monstruo o animal que se utiliza en la arquitectura para canalizar el agua de lluvia lejos de un edificio.

Gablete: pequeño frontón o estructura triangular que se encuentra en la parte superior de una fachada o tejado.

Girola: pasillo circular o semicircular que rodea el ábside en una iglesia, a menudo utilizado para la circulación de los fieles.

Grabado: técnica de impresión en la que se graba un diseño en una superficie dura, como metal o madera, y se utiliza para hacer impresiones.

Haram: en la arquitectura islámica, el área sagrada o interior de una mezquita donde se encuentra el santuario.

Horror vacui: temor o aversión hacia los espacios vacíos en el arte o el diseño, lo que resulta en una decoración excesiva y en deseo de llenar todo el espacio disponible.

Iconoclasta: persona que destruye o critica obras de arte o imágenes religiosas debido a creencias iconoclastas o religiosas.

Metopa: en la arquitectura griega, un panel rectangular que se encuentra entre los triglifos, en el friso de un templo dórico.

Mocárabe: decoración en la arquitectura islámica que consiste en celosías de estuco.

Naos: espacio interior principal de un templo griego o romano, donde se coloca la estatua de la deidad.

Nártex: espacio o vestíbulo antes de la entrada principal de una iglesia.

Nave: parte central y larga de una iglesia que generalmente se encuentra entre las filas de columnas o pilares.

Obelisco: estructura vertical tallada en forma de aguja, comúnmente utilizada en la arquitectura egipcia.

Opistodomo: en la arquitectura griega, la parte trasera o posterior de un templo.

Orden: conjunto de reglas y proporciones utilizadas en la arquitectura clásica para diseñar columnas y capiteles, como los órdenes jónico, dórico y corintio.

Orden compuesto: uno de los órdenes arquitectónicos clásicos que se caracteriza por su capitel ornamentado.

Palestra: edificio en la Antigua Grecia utilizado para actividades deportivas y ejercicios.

Pantocrátor: representación de Cristo como el Todopoderoso, comúnmente encontrado en la iconografía cristiana.

Planta de un edificio: dibujo o diagrama que muestra una vista aérea de un edificio, y en el que se indica la disposición de sus habitaciones y espacios.

Podio: plataforma elevada sobre la cual se coloca una estatua, altar u otro objeto.

Policromía: uso de múltiples colores en una obra de arte o arquitectura.

Presbiterio: área elevada en una iglesia que contiene el altar mayor y está reservada para el clero.

Pronaos: espacio abierto o vestíbulo justo antes de la entrada a un templo griego.

Puntillismo: estilo de pintura que utiliza pequeños puntos de color para crear una imagen cuando se ven desde lejos.

Quibla: en la arquitectura islámica, la pared que indica la dirección de La Meca, hacia la cual los musulmanes se orientan en la oración.

Refectorio: espacio dedicado a comedor en un monasterio o institución religiosa.

Relieve: técnica escultórica que involucra la talla de formas tridimensionales en una superficie plana o la creación de protuberancias en una superficie.

Retablo: estructura decorativa detrás del altar en una iglesia, a menudo con paneles pintados o esculturas religiosas.

Rosetón: ventana circular o de forma similar en la arquitectura gótica con elaborados diseños de vidrieras.

Sala capitular: habitación de un monasterio donde los monjes se reúnen para asuntos administrativos y religiosos.

Sarcófago: ataúd de piedra o mármol, a menudo decorado con esculturas o inscripciones, utilizado en la antigüedad.

Sfumato: técnica de pintura que utiliza transiciones suaves y graduales entre colores y tonos para crear una apariencia difuminada y realista.

Sillar: bloque de piedra utilizado en la construcción de muros u otras estructuras.

Tabla: superficie plana, a menudo de madera, en la que se pinta una obra de arte.

Tenebrismo: estilo de pintura que utiliza contrastes extremos de luz y sombra para crear dramatismo.

Terracota: tipo de cerámica cocida al horno que se utiliza para hacer esculturas y otros objetos.

Tesela: pequeñas piezas de vidrio, cerámica o piedra utilizadas en mosaicos.

Tetramorfos: los cuatro símbolos de los Evangelistas en la iconografía cristiana: el hombre (Mateo), el león (Marcos), el toro (Lucas) y el águila (Juan).

Tímpano: espacio triangular en la parte superior de una puerta o entrada en la arquitectura, a menudo decorado con esculturas o relieves.

Tholos: edificio circular, a veces utilizado en la Antigua Grecia para propósitos religiosos o ceremoniales.

Tracería: ornamentación de piedra o madera con patrones calados, a menudo utilizada en la arquitectura gótica.

Triforio: galería o pasillo elevado en una iglesia, a menudo ubicado entre las arcadas de las naves y la pared exterior.

Triglifo: motivo decorativo en la arquitectura dórica, que consiste en tres bandas verticales con canales.

Vidriera: ventana decorativa hecha de vidrio coloreado que a menudo presenta escenas religiosas o motivos decorativos.

Vomitorio: en la arquitectura romana, un pasaje o entrada que permite una rápida entrada o salida de un lugar, como un anfiteatro.

Bibliografía

Alegre Carvajal, Esther (2006): *El Arte en el Antiguo Egipto*. Ediciones JC.

Borobio, Luis (2002): *Historia sencilla del arte*. Ed. Rialp. Madrid.

De la Peña Gómez, Mª Pilar (2008): *Manual básico de historia del Arte*. Universidad de Extremadura.

Fullola, J.M.; Nadal, J. (2005): *Introducción a la prehistoria: La evolución de la cultura humana*. Ed. UOC. Barcelona.

Gombrich, Ernst: *Historia del Arte*.

Gómez López, Consuelo (2006): *El arte en el Próximo Oriente Antiguo*. Ediciones JC.

Janson, H. W.; Janson A.F. (1988): *Historia del arte para jóvenes*. Editorial Akkal.

Martín González, J. J. (1974): *Historia del arte*. Madrid, Gredos, 2 vols., 2. Arte moderno y contemporáneo.

Medina, Pedro (2014): *Història de l'art. Batxillerat*. Grup Editorial 62. Barcelona.

Nieto Alcaide, V. (1996*): El arte del Renacimiento*. Madrid, Historia 16. Colección Conocer el Arte.

Osborne, Robin (2000): *La Grecia Clásica (500-323 a. C.)*. Ed. Crítica. Barcelona.

Rosenblum, R. (1984): *El arte del siglo xix*. Ed. Akal. Madrid.

Sanchidrián, J. L. (2001): *Manual de arte prehistórico*. Ed. Ariel. Barcelona.

Taranilla, Carlos Javier (2018): *Breve historia del arte barroco*. Nowta.

Woodford, Susan (1985): *Introducción a la Historia del Arte. Grecia y Roma*. Universidad de Cambridge.

Yarza, Joaquín; Melero, Marisa (1996): *Arte medieval II*. Conocer el arte. Historia 16. Madrid.

IMÁGENES VINCULADAS A LAS PÁGINAS WEB DE DISTINTOS MUSEOS